小学生の壁
どう乗り越える？

子育てアドバイザー
高祖常子

令和の
パパ・ママ
必見

風鳴舎

はじめに

年末頃から入学前の時期にたくさん聞かれるようになった言葉、「小学生の壁」「小1の壁」「小4の壁」。

この本を手に取ってくださったあなたも、そんな言葉が気になりながら、本を開いてくださったのかもしれませんね。

私自身も3人の子どもを育ててきたので、子どもたちが小学校入学時は、どんな生活になるのだろうと、ちょっと不安だったり心配だったりしたのを覚えています。

この不安や心配という気持ちは、なぜ大きくなってしまうのでしょうか。

新しい世界、生活が始まるときは、分からないことだらけ。「どうなるんだろう?」「大丈夫かな?」「心配だな?」「ちゃんとやっていけるかな?」…。

親自身のことも、子どものことも、心の中は不安や心配でいっぱい。押しつぶされそうになってしまうこともあります。

親のあなた自身の心配はぜひ、具体的にしていきましょう。漠然としたままだと、不安が大きくなるばかりです。何が心配なのかを小分けにしつつ、調べたり、人に聞いたりすることで少しずつ不安が解消されていきます。

本書を通してそんなちょっとしたヒントをいくつかでもお伝えできたらと思っています。

もうひとつお伝えしたいのは、「子どもの心は子どものもの」ということ。これはとても大切なことです。

「親が大丈夫だよ」と言い聞かせても、子どもの心は不安でいっぱいのときもあります。そんなとき、「子どもの気持ちを大切にしながら、子どもの心が安心できるように」するにはどんな風に対応したらいいのか、をお伝えできればと思い、本書を書きました。

「小学生の壁」に直面することで、親子関係がよりよくなったり、親子の信頼関係のベースができたり。この本が少しでもそのようなきっかけになったら嬉しく思います。

子育てアドバイザー　高祖常子

目次

1章 登下校をスムーズにするための体制づくり

2章 学童や放課後で起こる小さな気がかり

3章 学校生活で気にかけておきたいこと

4章 人間関係のトラブルが起こったら

8章

「行きしぶり」「不登校」対応のヒント

ハッシュタグ別　目次

序章

小学1年生の壁って何？

「小1の壁」という言葉におびえるママたち

ここ数年、年末年始くらいから年度始まりの頃にかけて、「小1の壁」という言葉が頻繁に聞かれるようになりました。

特に保育施設に通う園児のママたちが戦々恐々。**なんだかとても高い壁に立ち向かおうとして、足をすくませているように見えます。**

「保育園の方が働く親にやさしかった」「小学生になると仕事の調整が大変」などの先輩ママたちの言葉を聞くにつれ、不安が高まるばかり。

共働き世帯は、子どもが小学生になるとママの時短が終了してしまうケースもあり、子どもの帰宅時間対策をどうするか、そもそも学童保育に入れるのか、学校に入ると親はなぜ大変なんだろう、などなど、わからないことだらけかもしれません。

この本を読んでくださっているのはママが多いのではないかと思いますが、ママがあれこれ心配な気持ちを巡らせているのに、パートナーは「我関せず」だったり、「心配し過ぎじゃない？」なんて軽く扱われると、イラッとしてしまうのではないでしょうか。

親はもちろんですが子どもも小学校、小学生という知らない世界にドキドキ。期待もあるけれど、**不安を大きく感じる子もいるでしょう**。親子がともに大きな不安を抱えて、小学校生活を迎えるということになると、なんだか家族も仕事も不安定な感じになってしまいがちです。

第一子の場合は特に、親にとっても子どもにとっても、小学校は未知の世界。情報がない、知らないからこそ、不安や心配が増大してしまうのです。

漠然とした壁（不安）を具体的にしてみよう

「小学校は大変」「小学生は大変」「学童は大変」…。こういった漠然とした不安や心配のイメージは、そのままにしておくとどんどん大きくなってしまいます。「小1の壁」問題に限らずですが、不安や心配という壁を必要以上に高くしないためには、まず具体的な言葉にしてみることです。

また、スケジュールに書き出すと時間軸での困りごとは、だいぶ明確になってきます。そのうえで気持ちの部分なども含めて漠然とした悩みごとを、できるだけ具体的な言葉で書き出してみましょう。

次に挙げるのは、悩みの一例です。例を参考にしながらまずは簡単な箇条書きでいいので、**何が不安なのかを書き出してみましょう。**

■**小学校についての不安**

一人で登校できるのかな？

電車に乗っての登校だけど、一人で行けるのかな？

登校時間には親がすでに出勤しているけれど、きちんと鍵を閉めて一人で学校へ行けるかな？

子どもの帰宅時間に親が帰宅できないけれど、一人でお留守番できるのかな？

■**小学生についての不安**

友だちとうまくやっていけるのかな？

先生に対して苦手意識を持たなければいいけれど。

授業中、椅子に座ってじっと聞くことができるかな？

勉強についていけるのかな…。
休んだ分は個別に教えてくれるのかな？

■**学童についての不安**

学童に入れるのかな？
学童にはいろいろ種類があるみたいだけど、よくわからないな。
わが子には、どんな学童がいいのかな？
学童が合わない場合はどうしたらいいのかな？
学童のお迎えが必要なときはどうしよう？

小学校生活を支えるためにどんな協力体制をつくる？

「悩みを具体的に考えてみた」「子どもの学童についても調べた」となれば、今度は「じゃあどうするか」ということです。

一番大切なのが、なんでも**夫婦で相談する**ということです。

特にママの場合、「夫は仕事で帰りが遅いから」「夫は朝早く出なくちゃならないから」「夫に言ってもなにもしてくれない」と、自分だけで解決してしまう傾向が強いように思います。このような関係性は乳幼児期からかもしれませんが、協力体制がない中で子育てしていくのはとてもつらくて大変なこと。そして夫が戦力外となると、家族の時間の中にも夫の存在が薄くなってしまうでしょう。

どんなときでも子どものことを共有し、心配を打ち明けておくことは、「大変なときに一緒に相談したり、協力して乗り越えた」という体験となり今後の家族関係、夫婦関係にも大きく影響を与えることなのです。

子どもはこの後、思春期に突入していきますが、このときに**相談できる相手が複数いることが大切**です。パートナーだけではなく、親族のおじさんやおばさん、ご近所さんや学校で知り合ったママ友も含めて、「鍵を忘れちゃったときには、お隣の○○さんに相談してみて」など、何かあったときには頼れる相手を作っておくことが大事です。

これは小学校の壁を乗り越えるためだけではなく、今後子どもが生きていく中でも、頼れる相手を増やしておくということにもつながります。悩みごとによっては、母親ではなく父親の方が話しやすいということもあるでしょう。親には話しにくいけれど、ご近所さんになら話しやすいということもあるのです。

小学生の壁を解決しながら、人とのつながりを作っておく、そんな関係性は、きっと子どもやあなた自身が生きていく中で、困ったときの選択肢を増やすことにもつながります。

何はともあれ夫婦の腹を割った相談がいちばん大事

恋愛時代はあんなにもたくさんしゃべっていたのに、結婚して子どもが生まれたら最近は、ほとんど会話がスケジュール調整、連絡、愚痴、文句になっていませんか。お互い忙しいので、まず子どもの行事や、習い事の調整、そして家事の分担など、報告や、連絡事項が多くなっているのではないでしょうか。

もちろん、それも大事ではありますが、夫婦の仲をスムーズにさせるためには雑談と相談が大事です。「昨日こんなことがあった」「○○ちゃん、こんなこと言ってたよ」など、子どもの様子も含めて雑談を心がけましょう。

気持ちの伝え方として、「なんでやってくれないの！」と言うのは、言葉をぶつけるアグレッシブ（攻撃的）なメッセージ。相手には怒りや自分の機嫌の悪さしか伝わりません。

「どうせ言ってもやってくれないし、変わらないし」と言わないのは、ノンアサーティブ（受け身的）な自己表現。言わないとぶつかり合いは避けることができますが、結局問題解決にはつながりません。

相手も自分も大事にするアサーティブ（主張と尊重）な自己表現を心がけることが大事です。

これは、I（アイ）メッセージ、自分を主語にして話します。「私はこれで困っている」「私はこんなことが心配」と自分の気持ちや状況を伝えたうえで、「〇〇できないかな？」「△△するのはどうかな？」と相談してみる方法です。

そして「子どものために」と思って、親が犠牲になるという考え方ではなく、**子どもとともに家族が幸せでいられる状況を考え、作っていきましょう。**

子どものためにと思うと、自分の心が大変になったときに「あなたのために仕事を辞めたのに」「あなたのために時短を選んだのに」と子どものせいにしてしまうことにもつながります。そんな言葉を投げられた子どもはどんな気持ちでしょうか。「自分が悪いんだ」「自分のせいで親は思い切り働けないんだ」と思ってしまうのではないでしょうか。

子どもの成長に合わせながら、家族で一番いいバランスを考えてみる。親も幸せであることが子どもの幸せにもつながっていくのです。

登校時の体制づくりと子どもとの情報共有が安心の土台に

子どもにとって小学校進学の第一関門といえるのが、親の送迎や通園バスのない「登校」です。

登校について親はいろいろ焦ったり、しっかりさせなくちゃと「小学生になったら、○時に家を出るのよ！」と指示してしまいがちだと思います。でも、ここで大切なのが登校についての**子どもへの情報提供と、子どもの気持ち**です。

もちろん学校の開始時間は決まっているので、そこから逆算することになると思いますが、学校に行くのも、集団登校なのか友だちと行くのかなど選択肢がいろいろです。そして、子どももそれを理解して、納得することが大事です。

まずは登校時間や通学時間などの情報を集めて親子で共有することから始めましょう。

場合によっては、親が先に家を出なければならないこともあるでしょう。そんなときには登校時の親の動きや仕事の状況を正直に子どもに伝えるのも手。そのうえで「どうしたい?」と聞いてみてください。

もちろん親自身が出社時間を調整できないか、ということもありますが、それもひとつの選択肢としながら、**まずは子どもと相談してみることが大切です**。

子どもによっては、「5分早いだけだから、自分で鍵をかけて行けると思う」と言うかもしれません。あるいは、「友だちと一緒に行きたいから、友だちの家に行かせてもらうのはどうかな?」という提案があるかもしれません。場合によっては、「一人でお家を出るのは、心細い」という子もいるでしょう。

情報共有をして安心の土台作りをしたうえで、子どもの気持ちを踏まえながら、「じゃあどうするのか?」と親子で具体的に考えることが大事です。

放課後の子どもの預け先、知っていますか？

共働き世帯にとって心配ごとのＮｏ・１が放課後の預け先についてです。そもそも「学童」っていうけれど、どういうところでどんな種類があるのでしょうか？

一般的に学童というと、放課後に子どもを預かってくれる居場所でどこも同じというイメージですが、学童保育には次の3種類があります。それぞれ**運営主体や預かり時間も違うため、まずは違いを知っておく**ことが大切です。

お住まいの自治体に何があるのか、定員や空き状況、学校や自宅からの距離なども含めて、事前に情報収集するのがおすすめです。

【放課後子ども教室】

文部科学省が運営しています。親の就労は問わず、すべての子どもが放課後に利用できます。ほとんどは学校の空き教室を使っていますが、地域の公民館などを利用しているところもあり、数名の地域ボランティアが見守ります。

時間は基本的に17時までと短く、土曜日は開室していないところも多いようです。預かるというよりも、子どもたちの居場所として、見守ってくれる大人がいるという場所です。

夏休みなど長期休みは閉室になるところも多いようです。

【放課後児童クラブ】

こども家庭庁管轄で自治体が運営しています。正式名称は「放課後児童健全育成事業」で、一般的に学童保育といわれているものがこれにあたります。

対象は、保護者が労働、疾病、介護などにより、昼間家庭にいない子どもとされ、遊びと生活の場を提供しています。

放課後児童支援員（保育士、社会福祉士などで都道府県が行う研修を修了した者）を施設の単位ごとに2名以上配置（うち1人を除き、補助員の代替可）とされています。

おやつが出されるところや、プログラムに合わせての活動をするところも多くあります。

児童福祉法改正に伴って6年生まで利用できるようになりましたが、定員の関係で学童保育を利用している8割程度が1年生から3年生です。4年生以降は入所できない可能性もあります。

約4割は18時30分までに閉まりますが、19時まで開室するところが増えつつあります。また自治体が直接運営するのではなく、NPOや民間に委託している放課後児童クラブもあり、こちらは施設によって19時まで開いています。

基本的に夏休みも開室しており、夏季は学校のプールなどに学童から行って帰ってくるというケースもあります。

【民間学童保育】

企業や学校法人など、民間が運営している学童保育です。親の就労に関わらず預かってくれます。

時間は放課後から19時までが多く、施設によっては21時、22時頃まで預かってくれるところもあり、比較的長く開室しているのが一般的です。遅くまで利用する場合は、夕食の提供があります。

送迎があったり、英会話やプログラミング、絵画などの習い事を組み合わせることができるなど、それぞれ特徴があります。

料金はそれぞれで違い、習い事を組み合わせると基本的に料金にプラスとなり、放課後子ども教室や放課後児童クラブと比べると高くなっています。

園選びでも同じですが、子どもがほぼ毎日通うところになるのでしっかり情報を集めることはもちろん、**可能な限り親子で見学に行きましょう。**

放課後の預かり時間と仕事の調整

紹介したように、民間の学童を利用すると、学校＋長時間保育で、親の働き方を変えないでどうにか生活を回せる、ということになるかもしれません。「仕事だから仕方ない」「会社の就業時間をずらせない」と考えるママ・パパも少なくないと思います。

「親は仕事をしているから大変」「子どもは学校や学童に行くだけだから」と思っていないでしょうか。でも、そのときに**子ども自身の生活サイクルはどうでしょうか。**

親自身も子ども時代があったはずなので、ちょっと心をタイムリープしてみてください。子ども時代も結構いろいろ、体力的や精神的に、疲れていたりしたこともあったと思います。

学校に通って、そのあと学童に行って、夜遅く帰ってくるというような生活を毎日していると、子ども自身も疲れます。わが子の場合、就学前は保育園に行っており、入学と同時に小学校と学童（放課後児童クラブ）の生活が始まりました。家には17時過ぎくらいには帰ってくるという感じの毎日でしたが、19時頃の夕食時には食べながら寝てしまうことがあったくらいです。

宿題をするのも大変で、最初はひらがなをノートに書くという宿題だったと記憶していますが、「ちゃんとやりたい」という意識が強かった長男は、うまく書けないと消しゴムで何度も消したり、そのうちにイライラしてノートを破ってしまう日もありました。

もちろん最初の頃だけでしたが、子どもにとっては小学校に通い始めること自体がとても大きな変化。その上に学童にも入って、今までなかった宿題をするという毎日。今考えると、**気持ちは頑張りたいけれど、疲れていてうまくいかないジレンマ**が大きかったのだろうと思います。

子どもの学校生活と仕事を両立させるには

子育て中に女性のキャリアが停滞することをマミートラックといいますが、最近ではパパに対してのパピートラックという言葉もあるそうです。子育てしやすい北欧などでも、このような状況は多少なりともあると聞いています。

男女の賃金格差さえまだまだ解消されていない日本においては、母親が子育てに中心的に関わり、小学校の壁においても母親中心に対応する現状があります。

職場のハラスメントがないにしても、子育て中のキャリアの停滞は多少なりともあると考えておく方がよさそうです。

ただ、**子育てがキャリアにマイナスになることばかりではなく、プラスになる面も**多いと私は感じています。

もちろん子どもに対応する時間を確保するために、多少仕事をセーブしなければならないこともありますが、子育てしていく中で、子どもと接することで得られるものはとても大きいと感じています。

ワーキングマザー（ママだけに使うので死語になるといいですが）や、育休を取得したパパなどから「仕事を効率的に進められるようになった」「優先順位をつけられるようになった」など、ほかにももっとたくさんありますが、そういった話をよく聞きます。もちろん、仕事がうまくいくために育児をするわけではありませんが、**育児をすることは仕事にもプラスになる**と考えても過言ではないようです。

企業で働き方のお話をすることもありますが、残業して机上だけで考えてもいい発想は生まれないということです。特に子育て中は、公園で遊んだり、通園や買い物など子連れで地域を歩くことが増えます。大人だけだと、さっと通り過ぎてしまう道でも、子どもが急にしゃがみ込んで何かを見つけたりすると、親も足を止めたときに、普段見落としている、さまざまなことに気づくことがあります。「もっと道がこんな風になっていると、子連れも高齢者も歩きやすい」、「もっとこんな商品があると便利だろう」など、発想が膨らみ、それが仕事に結びつくこともあるようです。

また、会社の人間関係は同質性が高いことも多く、**地域の人のつながりによって、会社とは違った関係性が育まれる**こともあります。

コロナ禍を経て、働き方が大きく変わったという方も多いと思います。

今までは会社に行くのが当たり前と思っていたけれど、在宅勤務を選べるようになったり、出張に行っていたけれどオンラインミーティングで済むようになったということもありますよね。画面にみんな映し出されるので、今まで特定の人が発言していたけれど、いろいろな人が発言できるようになったということもあるようです。

絶対無理と思っていた在宅勤務も、やってみると意外とできることがわかったり、むしろ在宅の方が通勤時間が無くなって、家族時間が増えるなどというメリットもあったのではないでしょうか。

仕事はずっとフルスロットルで、というわけにはいかないものです。もちろんいろいろな手を借りながら、やりたいことをあきらめないことは大事ですが、**子どもの成長や家族の状況（進学・進級、病気、介護、仕事など）によって、少し働き方を緩めたり新しい働き方に変える時期があってもいい**のではないでしょうか。

そのときに体験した経験は、きっと後々、自分の仕事や人生にもプラスになるでしょう。

入学後のスケジュールを書き出してみよう

「登校時間より先に親が出勤になるのでは？」「子どもの帰宅時間に親がいないかも？」など、いろいろな不安があると思いますが、まずはスケジュールを書き出してみましょう。「見える化」することが大切です。

子どもの登下校や学童のスケジュールを書いて、父親、母親のスケジュールも並べて記入しましょう。

すべて書き出したら、眺めてみて、メモ欄に「★出勤時間どうする？」など、検討事項も書き加えましょう。

大事なのはスケジュールを記入するときに、「学校は何時に始まるんだろう？」「登校班はあるのかな？　あるなら何時に集合するんだろう？」と、**子どもの小学校生活を考えてみること**。そうすることでいろいろ不明点が出てくると思います。

そのわからない点の情報を収集してみましょう。情報を集めることで、小学校生活がより具体的に見えてきます。

学校のWEBサイトを調べてみたり、わからなければ先輩ママに聞いてみるのもいいですね。同じ保育園に通うお友だちで、上の子を小学校に通わせているママがいたら聞きやすいでしょう。

● 入学後のスケジュールを書き出してみよう

	子ども	パパ	ママ
AM 6時			
7時			
8時			
9時			
10時			
11時			
PM 12時			
1時			
2時			
3時			
4時			
5時			
6時			
7時			
8時			
9時			
10時			
メモ			

子どもから上手に話を引き出すには

「子どもに聞いてみよう」と言っても、「わからない」「なんでもいい」という返事が返ってくることも多いかもしれません。

そもそも子どもとの向き合い方として、「子どもに聞いてみる」という対応をしてきていない場合は、突然意見を聞かれても子どもも困ってしまうでしょう。

そんなご家庭ならなおさら、この**小学生の壁を機に、親子での対話を心がけていただきたい**と思います。

話を引き出すにはまず、子どもに「どんなことで困っているの？」と聞いてみることです。そのときに「友だちのことで困っている」と言ったら、「友だちとのことなんだね。どんなときに困るのかな？」と会話の中で具体的にしていきます。

困りごとがわかったら「どうしたい？　どうしたらいいんだろうね？」と子どもに問いかけましょう。親は子どもより長く生きてきた分、経験値も豊富で「こうしたらいい」という解決策を持っていることも多いですが、先回りせず、子ども自身が考えてみるよう促すことが大切です。「〇〇したけれど、うまくいかないんだよね」と子どもがアドバイスを必要としているようなら、「こういう方法はどうかな？」「ママも子どもの頃友だちと…」と選択肢のヒントを伝えたり、経験談を話してみましょう。

そして最後は子ども自身が「じゃあ、〇〇してみるね」と決めることが重要です。これが自己決定。子どもが生きていく中で自己決定できるようになるのは、とても大事なことです。

子どもと対話することで、**子ども自身も自分の気持ちを言語化できる**ようになります。不安やモヤモヤする気持ち、やってみたい、頑張りたい気持ちなど、言葉にできることは、この先思春期になったり、大人になったときにも、きっと役立つことでしょう。気持ちを言葉にしていくことで、解決すべき問題点が明確になったり、子ども自身が意思表示できるようになります。親としては子どもが意思表示するようになると大変なこともありますが、子どもの自立・自律を考えれば、子どもが自分の気持ちを表現できることはとても大事なことです。

子どもの声を聴くときのポイントは、**そのときに話してくれないこともある**ということを知っておくということ。大人でもそうですが、子どももとても不安が大きかったり、**言葉にしにくいことも**あります。また、親を気遣って、言い出せないこともあるかもしれません。

さらに、言葉にならない声もあります。これは非言語コミュニケーション＝ノンバーバルコミュニケーションといいますが、表情や目の動き、声のトーンなど、言葉ではなく相手（子ども）が自然に発しているコミュニケーションです。

親は忙しくしているとなかなか気づきにくいことも多いのですが、ちょっとでもゆったりした時間を取り、子どもとの会話を心がけましょう。特に不安なことを話すときには、**安心できる場を作ることがとても大事**です。

安心できる場づくりとしては、横並びの位置関係がおすすめです。何かの帰り道、並んで歩いたり、車の助手席の子どもとしゃべったり。洗濯物をたたむのを一緒にやってもらいながら…というのもいいですね。

子どもの権利を知っておこう

2023年4月から、こども家庭庁がスタート。こども基本法も施行されています。こども基本法は、国連で定められている「子どもの権利条約」の4つの権利と4つの原則をベースにしている、子どものための、子育てのための指針となる法律です。

なぜ急に「子どもの権利の話を持ち出すの？」と思った方も多いかもしれません。小学生の壁も含めて、今までもいろいろな子育ての困難に遭遇してきたと思いますし、これからも思春期や青年期に向けていろいろなことが起こるでしょう。

そういったときに、**子どもの権利を知っておくことは困難を乗り越えるために必要な基本の考え方**となります。

困りごと、壁にぶち当たったときに、まず押さえておきたいのが、「子どもと対話しながら解決していく」ということ。子どもにも説明し、子どもの気持ちを聞きながら、「どうするのが一番いい方法なんだろう?」と親子で話し合うきっかけにしていきましょう。

コラム

「子どもの権利条約」4つの権利

生きる権利／住む場所や食べ物があり、医療を受けられるなどして、命が守られること
育つ権利／勉強したり遊んだりして、もって生まれた能力を十分に伸ばしながら成長できること
守られる権利／紛争に巻きこまれず、難民になったら保護され、暴力や搾取、有害な労働などから守られること
参加する権利／自由に意見を表したり、団体を作ったりできること

「子どもの権利条約」4つの原則

生命、生存及び発達に対する権利（命を守られ成長できること）／すべての子どもの命が守られ、もって生まれた能力を十分に伸ばして成長できるよう、医療、教育、生活への支援などを受けることが保障されます。

子どもの最善の利益（子どもにとって最もよいこと）／子どもに関することが決められ、行われるときは、「その子どもにとって最もよいことは何か」を第一に考えます。

子どもの意見の尊重（意見を表明し参加できること）／子どもは自分に関係のある事柄について自由に意見を表すことができ、おとなはその意見を子どもの発達に応じて十分に考慮します。

差別の禁止（差別のないこと）／すべての子どもは、子ども自身や親の人種や国籍、性、意見、障がい、経済状況などどんな理由でも差別されず、条約の定めるすべての権利が保障されます。

（公益財団法人 日本ユニセフ協会ホームページより）

第 1 章

登下校をスムーズにするための体制づくり

知っておきたい登下校の安心づくり

小学生になるにあたってまず心配なのが、「一人で学校に行けるのか?」ということです。今までの園生活では、親が送り迎えをしたり、送迎バスを利用したり、常に大人が付き添っていたと思います。それが小学生になると、自分で歩いて（学校によっては電車に乗って）学校に通うことになります。

親も心配ですが、**子どももとても不安を抱えている**ことでしょう。または子どもは状況がわからないから、心配に思っていないということもあります。

就学前にぜひやって欲しいのが、子どもと一緒に学校まで何度か歩いてみるということです。子どものペースに合わせながら、登校のルートを歩いてみます。目的は〈道を把握すること〉〈どのくらいの時間がかかるのか〉〈危ない場所はないか〉を親子で一緒にチェックするということです。

交通量が多い交差点では必ず左右を確認してから横断歩道を渡る、廃材置き場があれば近づかないことなどを伝えながら歩いてみるといいでしょう。

できれば**登校時、下校時と同じくらいの時間に歩いてみましょう。**時間帯によっては車が多いとか、薄暗くなっている場所があるかもしれません。

登校班の有無も確認しておきましょう。最近では学校が統廃合され通学エリアが広がったことで、以前あった登校班がなくなっているところもあります。

ちなみにわが子が通っていた学校では、1年生が入学する4月は1か月間、夏休み明けは1週間だけ登校班がありました。集合場所に行き、高学年の児童が先頭と後ろについて一緒に登校してくれるのは、とても安心感がありました。1年生になった1週間は、保護者が交代で登校班に同行していました。時間のやりくりが大変でしたが、子どもの安全を考えると大事なことだったと思います。地域によっていろいろ違うと思うので、近所の先輩ママに聞いてみましょう。

集団登校がないなんて！どうすればいい？

体験談と対処法

登下校班がなく親が連れていく

学校に登下校班がなく、親が連れて行くシステムだった。勤務時間と登校時間によっては遅刻してしまう。（なつなつさん）

コロナ中だったのでフレックスや在宅勤務が使えたのでなんとかなった。今後、使えなくなるので不安。

集団登校がなく不安

集団登下校がないため一人で歩かせるのが不安だった。（Ｓｓｎｏｗさん）

朝は途中まで送り、帰りは学童にお迎えに行った。正直、保育園のときより大変だった。

この二人のケースは親がやりくりできたとのことですが、まずは、夫婦でどうにか働く時間をやりくりできないかを相談してみましょう。子どもの送りで不安なのは約1か月間が目安と考えておきましょう。

地域にある学校なら、子どもも慣れてくれれば、一人で学校に行くことができるようになります。

親の方もずっとと考えると、どう調整したらいいかと途方に暮れてしまいますが、とりあえず約1か月間、夫婦で日にちを分けるなどして、仕事をやりくりできないか考えてみましょう。

難しい場合は、**地域のファミリーサポートを利用**してみましょう。自治体が行っている事業のため低料金で利用することができます。ファミリーサポートと聞くと、子どもの預かりをしてもらうイメージですが、学校や習い事の送迎だけをお願いするケースも少なくありません。

放課後は、学校や学童にファミリーサポートさんが迎えに行き、習い事に連れて行ってもらうなどのケースもあります。どういったサポートが受けられるか、わが家はどんな風に頼みたいのか、いろいろ調べてシミュレーションしてみましょう。

もうひとつは、**友だちと一緒に通学してもらうという方法**です。少し早いけれどちょっと友だちの家にお邪魔させてもらって一緒に登校できれば、親としても安心です。「よそのお宅に早めに行くなんて迷惑では？」と思うかもしれませんが、相談してみると「一緒に行ける方が安心だから、そうしよう」と言ってくれるかもしれません。まずは相談してみて、「難しい」と言われたら、次の方法を考えてみましょう。

友だちの家へお邪魔させていただくということは、子どもにとっても、とても貴重な体験です。部屋に上がらなかったとしても、ドアノブや玄関の様子、友だち親子の会話を聞いて、わが家とは違うな、と感じることもあるでしょう。

場合によっては、少し上がらせていただいてお水を飲ませてもらうなんてこともあるかもしれません。「靴をそろえて上がってね」と友だちのママから声をかけられたり、お邪魔する、という意識から自分で靴をそろえて上がらせていただくなんてこともあるでしょう。

お水を飲ませていただくコップももちろんわが家とは違いますね。子どもにとって、**わが家と違う友だちの家の体験は、とても貴重な経験**になります。

子どもへの理解

まずは登下校を練習してみましょう。安心して登校できるようにしばらくは同行したり、ファミリーサポートを利用するなどいろいろな手を使いましょう。

対応のヒント

- まずは1か月、親の出勤時間を調整できないか考えてみる。
- ファミリーサポートなどを利用する。
- 近所の友だちと一緒に行けるか相談してみる。

子どもが学童に行き忘れちゃった！忘れないようにするには？

体験談と対応法

勝手に家に帰ってきていた

学童に迎えに行ったら子どもがいなかった。勝手に家に帰っていた。

（ゆみぞうさん）

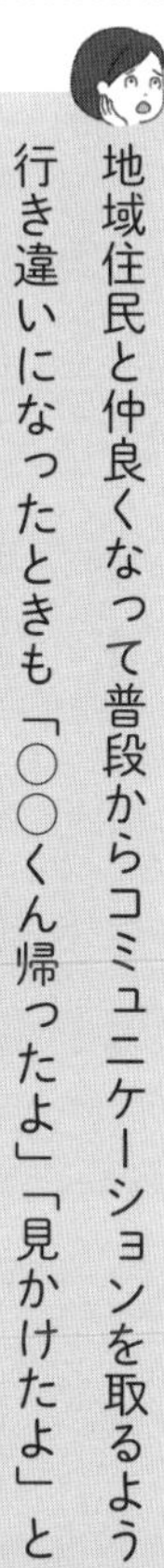

地域住民と仲良くなって普段からコミュニケーションを取るようにして、行き違いになったときも「○○くん帰ったよ」「見かけたよ」という声掛けをしてもらった。

学童に行く予定が家に帰ってきて

下校時、学童へ行く予定が先生の勘違いで家に帰っていた。近所の人が機転をきかせて家で待たせてくれたが、誰もいなかったら…と思うとぞっとした。

（S野さん）

すぐに連絡帳に書いて学校に伝えた。

帰りに学童に行っていなかったというのは、少なからずあることです。特に入学直後は、学校が終わったら学童に行くことを忘れて帰宅してしまうことや、友だちと遊びたいからと勝手に帰ってきてしまうこともあります。

しばらくは、登校時に「学校が終わったら学童に行くんだよ」と確認したり、筆箱など見やすい場所に「学童へ行く」と付箋を貼るなどしておくことです。ちょっとしたことですが、毎朝確認することで、子どもも意識するようになるでしょう。

もし、学童に行かずに友だちと遊んでいたというようなことがあっても、頭ごなしに「なんで勝手なことしてるの！」と叱りつけるのはよくありません。子どもは叱られると思って親に内緒で友だちと遊ぶようになるかもしれません。

もちろん**心配ははっきり伝えましょう**。「学童に行ってなくて、事故に遭ったんじゃないかと心配したんだよ」「黙って友だちの家に遊びに行っちゃうのは、学童の先生も、ママ（パパ）も心配になるからしないでね」と真剣に話しましょう。

そのうえで、「遊びたいときには、明日は友だちと遊びたいから学童休んでいい？って聞いてね」と話してみるといいでしょう。

親も、子どもが友だちの家で遊ばせてもらった後の帰宅時間にあわせて帰るなど、調整が必要なこともあるでしょう。親子で相談したうえで、ときには学童を休んで友だちと遊んでいいということにしてはいかがでしょう。

子どもへの理解

学童に行くことを忘れてしまうこともあります。学童を休んで友だちと遊びたい日もあるんです。

対応のヒント

- しばらくは毎朝、学校の後に学童に行くことを子どもと確認しておく。
- 学童に行かず友だちと遊びたい場合は、前日に親子で相談することを伝えておく。

コラム

感情的にならずに子どもと向き合うために

小学校に子どもがあがって生活が軌道に乗るまでは、大人も子どもも余裕がないもの。些細なことでイライラしたり、声を荒げてしまうなんてことも。

学童に行くはずの子どもが行かなかった、なんて予想外のことが起こると、ついガミガミ怒ったり、ときには手をあげてしまって後で自己嫌悪に陥る、なんてこともあるのではないでしょうか。

心に余裕がないときだからこそ**「怒鳴らない」「叩かない」と決めましょう**。叩かない方が自己肯定感も育まれるなら、その方がいいと思いませんか？

「怒鳴らない」「叩かない」と決めると、アクシデントが起こったときに、ママやパパは子どもとコミュニケーションを取ったりして問題を解決しようと努力せざるを得なくなります。

親が子どもの気持ちを受け止めようと努力することで、子どもは大切にされたと感じ、自分の気持ちを伝えるようになります。

そんな経験を重ねるにつれ、親子の絆も深まっていくでしょう。

スケジュール管理
一人で過ごす

子どもの帰宅時間に在宅できるようにするにはどうすればいいの？

体験談と対応法

子どもの帰宅時間に間に合わない

夫婦ともに出社が増え、子どもの帰宅時間に在宅できない日が出てきた。子どもにはまだ安全の観点から自宅の鍵は持たせていない。（いちごみるくさん）

夫婦で出社日をなるべくずらしたり、午前出社で午後在宅勤務にして対応。

保育園・こども園時代は仕事時間に保育時間を合わせることができていたけれど、小学校に入ると子どもの帰宅時間を調整できなくなります。学童に迎えに行く場合は、その時間に合わせて行けばいいので、時間が多少前後しても子どもも学童にいるので安心です。しかし多くの場合は、子どもが自分で帰ってくることになります。

子どもの帰宅時間に自宅にいられたら安心ですね。ではどうすればいいのでしょうか。

投稿くださったいちごみるくさんのように、夫婦で出社日を調整したり在宅勤務を取り入れるというのはいいですね。まずは、夫婦で仕事の仕方を調整できるのが一番でしょう。そのためには、**会社にも相談してみる**ことが大事です。

会社によっては在宅勤務を取り入れていないところもあるかもしれませんが、会社に相談してみると意外と、「取り入れてみよう」となるケースもあります。要望がないからやっていなかっただけということもあるのです。前例がないとあきらめず、ぜひ交渉してみてください。

鍵を持たせるかどうかという問題ですが、もちろんこれは各家庭の考え方だと思います。

鍵を持たせる場合は、ランドセルにぶら下げて見えるようにしていると、怪しい人からすればあの子は自分で鍵を開けるんだということがわかってしまい、防犯上危険です。ランドセルに括り付けておくとしても長めの紐につけてランドセルのポケットに入れるなどして、見えないようにしておくのが安全です。

鍵を持たせない場合は、万が一親の帰宅が間に合わないことも想定しておきましょう。親の帰りが間に合わないときには、「〇〇さんの家で待たせてもらって」など、**近所の家にも相談し子どもに伝えておきましょう**。事前に了解を取り、できれば入学前に親子で挨拶に行っておくといいでしょう。

近所に顔見知りができることは、学校からの帰宅の件に限らず、急

● ランドセルのポケットに鍵を入れて準備する

に災害が起こったときなど有事の際は、「○○くんは大丈夫かな？」と気にかけてくれる心強い存在になったりするものです。最近ではなかなか近所付き合いも難しいですが、近所の方に挨拶したり、地域のお祭りに顔を出すなど、普段から近所とのつながりを心がけるといいですね。ちょっと面倒かと思うかもしれませんが、いざとなったときには**顔見知りがいることはとても心強い**ものです。

子どもへの理解

子どもには「慣れ」が大事です。学校が始まってしばらくは、学校のこと、授業のこと、先生、友だち、学童など初めてのことばかり。学校の後に学童に行く、学童から帰ったら家に親がいる、鍵が開かない場合は○○さんの家のインターホンを鳴らすなど、ある程度の「型」ができると子どもは安心して生活できるようになります。

対応のヒント

- 親の仕事時間や在宅勤務など、夫婦で調整してみる。
- 鍵を持たせるかどうかは、各家庭の判断で。持たせない場合は、不在の場合どうするかを決めておく。

地震や体調不良…緊急時、どうしたらいいの？

体験談と対応法

緊急時に親がすぐに対応できない

小４で学童をやめてから、子どもが一人で家にいる時間が増えた。地震や具合が急に悪くなったときに親がすぐに対応できず困った。（ときこたさん）

これも前項の「子どもの帰宅時間に在宅できるようにするにはどうすればいいの？」にも共通する内容ですが、さらに小学校４年生、学童を続けるのが難しい学年ということも考えると、**近所の友だちや友だちの家との連携**も考えてみましょう。

仲良しの友だちがいれば、放課後に一緒に児童館や図書館に行く、友だちの家で遊ばせてもらうなどの方法もあります。

親が近くにいないときに子どもの具合が急に悪くなったり、地震が起きたりした場合は、やはり近所に顔見知りがいると安心です。

ファミリーサポートやシルバー人材センターなどは地域の助け合いの有償ボランティアですが、特定の人から何度かサポートを受けておくと、地域の顔見知りとなり安心できたりします。

もちろん相手の都合にもよりますが、空いていれば緊急の場合に様子を見に行ってもらうこともできるかもしれません。地域によってサポート内容が違う場合もあるので、事前に確認しておきましょう。

子どもへの理解

子どもを怖がらせる必要はありませんが、誰に連絡する、誰に来てもらうなど何かあったときにはどうするかという話をしておくと安心です。

対応のヒント

- 友だちと過ごすことも選択肢にする。
- ファミリーサポートやシルバー人材センターなども利用し、地域の顔見知りを増やしておく。

コラム

親子で確認しておくべきポイント

通学路を歩く、鍵を開けたら閉めるなど、就学前に練習しておきましょう。

・親子で通学路を歩く。できれば登下校時と同じ頃の時間帯で。
・ランドセルなど、自宅の鍵を見えるところにつけない。
・エレベーターでは、ボタンの近くに立つ。できるだけ知らない人と一緒に乗らない。
・玄関に入るときには、「ただいま」と声を出すようにする。
・鍵を開けたらすぐに閉めるなど、練習しておく。
・防犯ブザーの鳴らし方や止め方など練習しておく。

第2章

学童や放課後で起こる小さな気がかり

学童で起こりやすい問題を知っておこう

そもそも学童とはどのような場所でしょうか。どのようにあるべきでしょうか。

最近相談が多いのは、「施設長が怒鳴りつけたりして怖い」といったような内容です。これは子どもを学童に預けている親もですが、施設で働く支援員さんからも寄せられる相談内容です。

学校はもちろんですが、**学童も子どもたちにとって、安心・安全の場であることは大前提**です。怖がりながら過ごすことは、子どもの成長・発達によくないというエビデンスも多数出ています。そして安心・安全の場であるからこそ、そこからいろいろなことにチャレンジしたいという気持ちが湧いてくるのです。

学童が安心・安全の場でない場合には、親も働きかけて、子どもが安心して過ごせる場に変えていくことが必要でしょう。

学童の問題は、小学校に通う期間に起こるもので、その期間は6年間と長く、6歳から思春期の入り口に差し掛かる12歳までということになります。**子どもの心と体が著しく成長・発達する時期**といえるでしょう。

園時代には、子どもの声を大事にしつつも、親が「働いているから」「この園が通いやすいから」といった理由で、本人の意思とは別のところで子どもが通う園や過ごし方が決まっていたと思います。ですが小学生の6年間で子どもはどんどん成長していきます。もちろん低学年の頃にはお留守番や自宅の鍵を預けることも心配だったりしますが、高学年にもなればそのようなことも可能になってくるでしょう。

ときには**親が不在のときに困りごとが出てくるケースもある**かもしれません。そのようなときに人に頼れることはとても大切なことです。そのためにも、近所に頼れる**顔見知りの大人をつくっておく**のもおすすめです。人に頼るのは迷惑をかけることではありません。困ったときに頼れる子になることは、親としても心強いでしょう。

子ども自身も、「ボクはこのように過ごしたいんだ」と考えることもあるでしょう。

このように「自分でこんな風に過ごしたい」と考えたり、提案してくれることはとても大事なことです。

幸せの尺度というものがあって、学歴より年収、年収より**自己決定できる人の方が幸せ度が高い**というデータもあるそうです。

子どもの気持ちに寄り添いながら、放課後をどう過ごすのかと考え、あくまでも学童は選択肢のひとつと考えるようにしていくといいでしょう。

そのうえで、「決めたんだから学童に行きなさい」と一方的な言い方ではなく、子どもの心や体の成長も考慮しながら、子どもの気持ちや希望を聞いて、本人にとって一番いい過ごし方はどのようにすることなのかを考えていきましょう。

親の仕事の都合上「そうは言っても」ということもあると思います。そのときには、「気持ちはわかったけれど、これこれこういう理由から、○年生までは学童で過ごすのがいいと思っているけどどうかな」といったように、**親の気持ちや状況を子どもにきちんと伝えていく**ことも大切です。

#変化
#人間関係

学童への行きしぶり どうすればいい？

体験談と対処法

学童に行きたくない

学童に「行きたくない」「行かない」と言うことが増えてきた。（MAさん）

行かなくてもいい、と認めた。

小4で学童に行く子が少なくなり

小4になり同学年で学童に行く子も少なくなり、放課後に安心して預けられて、子どもも楽しく過ごせる場所がなくて困りました。（mb-jさん）

学童のおやつに不満

公設学童は近所のおじいちゃんおばあちゃんがみていてくれるけど、宿題などは見てもらえず、補食は栄養価も考えられていない。選べるほど学童がある

わけでもなく、働き方に悩みました。（ろむさん）

学童がつまらない

小４になり学童だと、本人がつまらないと感じる年頃になった。かといって、親が仕事で不在のときに家に一人でいさせるのは怖い。（いやほいさん）

平日に休みをとって、学童もお休みさせて、留守の練習をした。

友だちが学童をやめてしまって

小４になりみんな学童をやめてしまったが、共働きなので心配でずっと学童に行かせていた。（hさん）

子どもの意思を尊重したら、一人でも結構うまくやっていた。

集団遊びが苦手で学童に行きたくない

小3長女が学童でやることがないそうで、「楽しくない」「行きたくない」と言っており自分の働き方に悩んでいる。集団遊びが苦手で気の合う同性のお友だちと一対一で遊びたい性格だが、市営学童なので人数も多くきめ細やかな指導も無く、なかなか難しい。学童の環境や、指導員の待遇が改善されれば子どもの環境も良くなるかもしれないが、現状では期待できないと感じている。親の働く時間を減らすか（非正規雇用になるか）、費用がかなり高額だが民間学童に変えるか、悩んでいる。（ようこさん）

「学童に行きたくない」と発する背景には、各々異なった理由があります。このことから、子どもの年齢や個性に応じた過ごし場所という考え方が必要になってきます。

もちろん安全という観点では、学童に行かせた方がいいという考え方もありますが、子どもと相談したうえで、「自分で留守番できると思う」とか、「習い事に行きたい」などさまざまな放課後の過ごし方があります。

友だち家族と相談して、週のうち数日を放課後遊ばせてもらうという方法もあります。もちろん感謝やお礼という考え方は必要ですが、申し訳ないからと聞くことさえためらってしまう人もいます。**子育て中の同志として、聞いてみる**と案外「いいよ」と言ってくれたりします。負担になりすぎないよう配慮しつつ、お互いに協力し合えることは協力し合いましょう。

あとは学童自体の質の問題もあります。学童の支援者は、地域の中高年が関わっているケースが多く、支援者が高齢で対応できないために遊びが制限されるようなこともあります。また、支援者の力量やコストの問題で、投稿者のろむさんが書かれているようなおやつの問題もあるでしょう。このようなケースでは、一保護者としてよりは、**保護者会として申し入れする**といいでしょう。言えばすぐに解決するわけではありませんが、申し入れることはとても大切です。申し入れることによって問題意識を持ち、少しずつ変えてくれる可能性もあるのではないでしょうか。

子どもへの理解

子どもが困りごとを伝えてくれているので、それを受け取り、必要であれば親が申し入れるなどする様子は、子どもにとって心強いでしょう。

対応のヒント

- すぐには変わらなくとも、学童や自治体に申し入れることは大切。
- 申し入れするときは、できればわが子の不満としてではなく、保護者会などのかたちで、学童への要望として伝える。

#スケジュール管理

仕事のやりくり
どんな工夫をしている？

体験談と対処法

夕方に子どもを見られない

夕方の時間、共働きなので面倒を見られない。（Kenji Fujiwaraさん）

父親がパートタイムに職種変更、子どもの夕方のケアを引き受けた。

時短なのに毎日残業で記憶があやふや

上の子が入学して下の子は保育園の2年間が記憶がおぼろげなほど、しんどい毎日でした。（Niaocoさん）

仕事をセーブすればよかったのだと今は思いますが、時短なのに毎日残業で、保育園と学童のお迎えに間に合わず、ママ友にお迎えをお願いしたりしてなんとかしのいでいました。

在宅勤務が終了

長女4年、次女1年のときに私の自宅勤務が終了。仕事はシフト制で早番で18時15分まで、遅番で20時半まで。夫も帰宅が遅く、実家も遠方のため頼れる大人が近くに居ず、子どもだけで夜遅くまで留守番をさせなければならなくて困った。（omi-yageeeさん）

出発時間に間に合わない、平日の行事に困る

子どもの通学班の出発時間より前に出勤しないと会社に間に合わない。学校は親が働いていないこと前提で平日の中途半端な時間に行事を入れる。（MOさん）

出勤については会社が完全在宅にしてくれたのでなんとかなったが、求人数の多い都内で働くには遠い場所なので、転職となった際は厳しい。

投稿者のコメントを読んでいると、「よくぞ皆さん頑張りましたね」とエールを送りたい気持ちになります。

投稿者のMOさんの「平日の行事に困る」についてですが、小学校は4月の初めに年間行事予定表を出してくれるので、私の場合はいの一番に、学校の予定をスケジュールに組み込みました。もちろん、その後どうしてもずらせない仕事がかぶってしまったことも数回ありましたが、**最初からスケジュールをブロック**しておくと、それ以外で調整できることもあるのでおすすめです。

最近では夫婦で使えるスケジュールアプリなどもあり、「夫婦どちらが参加」を記入するなどして利用してみるといいですね。

子どもの行事に出るのは大変でもありますが、やはり**その年齢の子どもの様子が見られるので、親にとってもかけがえのない時間**になると思います。ぜひ家族で「○日は△△の会だね。ママ見に行くよ！パパも行けそうだって。楽しみ」というような会話ができるといいですね。子どもも自分に関心を持って応援してくれていると感じ、とてもうれしく思うでしょう。

もちろんどうしても調整がつかない場合は、「仕事の都合でどうしても行けないから、会社から応援してるね。帰ってきたら話を聞かせてね」などと伝えましょう。懇意にしているママ友やパパ友がいたら、負担のない範囲で可能なら子どもの写真を撮ってもらえるようお願いしてみるのもいいかもしれません。

夜はできるだけ早めに帰って、子どもが経験したことや気持ちをぜひ共有しましょう。

仕事の時間と子どもの予定をやりくりするには、夫婦で調整する、働き方を一時期変えるという方法のほかに、やはりほかの人の手を借りるということもぜひ検討してみてください。

何度か記述していますが、地域のファミリーサポートは、預かりもですが送迎もしてくれます。ただファミリーサポートに頼むほどでもないのであれば、やはり近所の友だち宅に少しの時間、お世話になるというのが、相手の家庭がＯＫであれば一番いいような気がします。

「小学校に入ったばかりで心配」ということなら、1か月程度、親の出社時刻を調整するのもいいかもしれません。

「そうは言っても仕事上、なかなか調整が難しい」という声も聞こえてきそうですが、数十年における仕事生活の中でのたった数週間、調整できないものかと考えてみましょう。

会社に働き方の相談をするとなると、手間がかかりますが、家族の体調が悪い、親が倒れた、自分が病気になったなど、今後さまざまなことが起こる可能性を考えると、これは小学生の子を持つ親だけの問題ととらえてはいけません。会社が理解してくれることは、ほかの従業員の働きやすさにもつながります。

ぜひ、そのような柔軟な働き方もできる会社になるための第一歩として、相談してみてください。

子どもへの理解

行事のときに親が来てくれないのはちょっと寂しい。できるだけ予定を調整して参加して欲しいと子どもは思っています。

対応のヒント

- 行事予定がわかったらスケジュールに記入して、できるだけ仕事の調整を。
- 行事と仕事が重なって行けない場合は、理由も一緒に子どもに伝えておく。帰宅後は子どもと話の共有を。

● ファミリーサポートやシルバー人材サービスをうまく利用しましょう

#スケジュール管理

学童の時間や送迎どうやりくりする？

体験談と対処法

1年生は夏休みまで送り迎え必須

国立小学校には学童がなく、地元の学童に入れました。1年生は夏休みまで送り迎え必須だったので、3時頃仕事を抜けて送り迎えすることに。（YFさん）

ファミサポ利用も考えましたが、駅等外での子どもだけとの待ち合わせはNGだったので利用せず。

学童のお迎えが遅く泣くように

両親フルタイム勤務のため学童を利用していたが、お迎え時間が19時ギリギリであることが耐えられない、とあるときから夜な夜な泣くようになってしまった。（daさん）

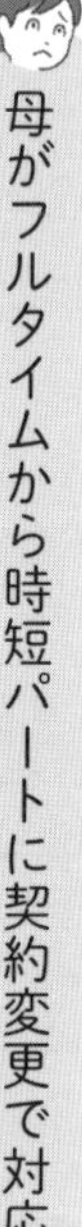

長時間の学童

保育園ではお迎え時間まで預かってもらえるのが周囲含めスタンダードだったのが、小学校では放課後の過ごし方が一律ではなくなり、長時間学童に行かせることに躊躇した。おやつなし、お昼寝なし、環境的に長時間いて楽しい場所ではないと感じた。（Ｓｓｎｏｗさん）

勤務日・時間をマックス減らし、祖父母の助けも借りながらできるだけ早帰りできるように対応した。

地域や設置者によって学童の内容もさまざまです。どのように日中過ごすのか、おやつや長期休みの期間の対応、送迎などについても確認しておく必要があります。

子どもにも、親の働き方にも合った学童が地域にあるのが理想ですが、なかなかそうもいかないのが実情でしょう。その場合は、ファミリーサポートやシルバー人材を利用する方法もあります。

投稿者のYFさんのケースでは、ファミリーサポートは利用できなかったようですが、その場合はベビーシッターやシルバー人材センターなどほかの支援サービスなら利用できたかもしれません。

夫婦で相談しながら、**地域や友だち家族はどのように乗り越えているのか情報収集**をし、対応策を見つけていきましょう。

たとえば夫婦で曜日ごとに担当する日をつくって、早く帰るようにしているケースもあります。担当になったら子どもの時間に間に合うように帰宅して、夕飯の支度もするという感じです。担当でない日は、多少の残業やちょっと飲み会に行ってもOKということにしておくと、夫婦それぞれ仕事や交流に充てられますね。

または、「この2週間はプロジェクトで忙しいから」ということなら、「了解。じゃあこの2週間は私が頑張るよ」ということもあるでしょう。夫婦でお互いの仕事などの状況を共有しながら、サポートしあえる関係をつくっていきましょう。

長時間の預かりは子どもも疲れます。子どもの様子も見ながら、親の働き方を見直していくきっかけになるといいですね。

子どもへの理解

長時間保育になる場合など、親が「どうしよう」と頭を抱えていると、子ども自身「自分がいるから、親が困っている」と受け取ってしまう可能性もあります。子どもにも親の状況をきちんと伝えることが大切です。

対応のヒント

- 長時間の預かりになる場合、子どもの様子を見たり、子どもの気持ちを確認して、臨機応変に対応する。
- 学童以外の地域の子育てサポートについて調べてみる。

● 今日はパパが担当の日

第3章

学校生活で気にかけておきたいこと

学校や先生との付き合い方

親にとってもですが、子どもにとって小学校は未知なる世界。不安だったり心配だったりします。

園生活の場合は、送迎時に先生と話したり、クラスで過ごす子どもの様子を見ることで雰囲気もわかりますが、小学校へは基本的に子どもだけで登下校するので、参観日でないと授業やクラスの様子を見る機会がありません。

子どもから様子を聞くことは大事ですが、子どもによってはなかなか学校のことを話してくれない子もいます。**親自身も学校からのお便りをしっかり読んだり、保護者会やPTAなどの活動を利用して、なるべく学校のことに興味を持つ**ようにしましょう。

子ども同士の人間関係もありますが、大抵一人しかいないクラス担任の先生と相性がよくない場合は、関係づくりも大変です。生徒同士なら、なるべく関わらないなどの対応もできますが、担任となるとそうはいきません。

小学校に入ったばかりのときは、特に注意が必要です。学校の先生を怖いと感じたり、中には理不尽なことを言われても仕方ないと思い込もうとして苦しくなってしまう子もいます。できるだけ、家ではゆったりと過ごせる環境を作り、話を聞くことが大切です。もし先生の行動が不適切と感じたら、「子どもが怖がっています」「子どもが自分の想いを伝えられないようです」と子ども自身が困っていることを中心に伝えるようにしましょう。

子どもを大事に思うあまり、「普通、先生ならこのような接し方はしないですよね」「子どもが委縮しているのがわからないんですか?」などとけんか腰にならないようにしましょう。先生を個人として尊重している姿勢を示しつつ、「言うべきことは具体的・客観的に伝える」ことがとても大事です。

#スケジュール管理
#伝える

保護者会や説明会、下の子を連れていけない!? どうしたらいい？

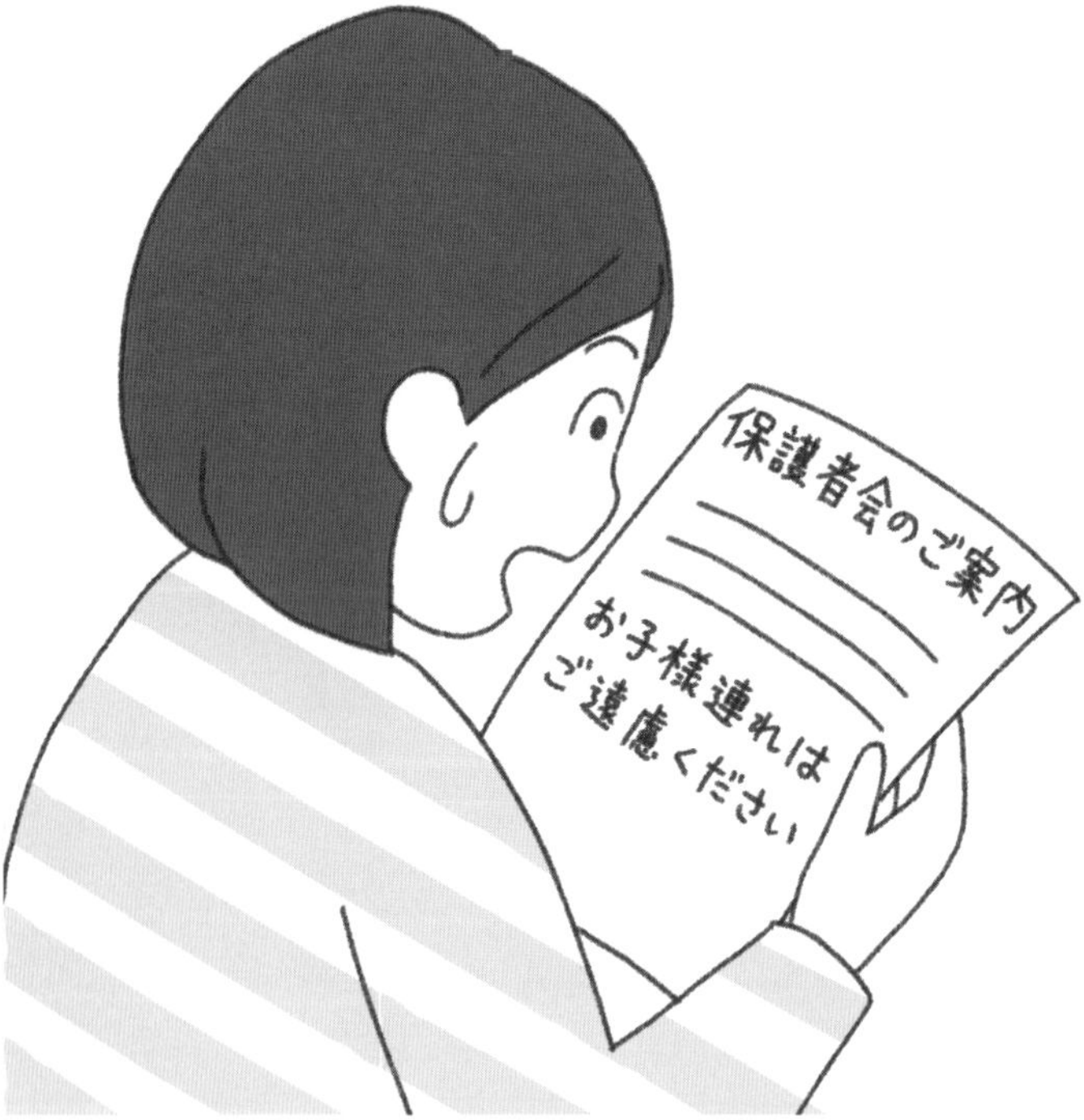

体験談と対処法

入学説明会や保護者会などに下の子を連れていけない

小学校入学説明会、保護者会など、基本的に子ども無しで参加せよ、とのこと。でも、1歳の子どもは保育園に行っていないし、小1の子どもは学童に通っていないので、具体的な預け先もなく困っていました。（YYさん）

学校側に問い合わせて、一度はそれなら欠席で、となりましたが、教職員が再検討したらしく、保護者会は子ども同伴で出席することになりました。入学前説明会は、オンラインができないのか、と問い合わせましたが、個人情報がどうの、という理由で検討されず、結局、夫が仕事を休んで子どもを自宅で見ていました。

運動会などの子どもが活動する学校行事のときは、下の子も連れて家族みんなで参加となりますが、入学説明会や保護者会のときには子どもを連れずに参加して欲しいという学校もあるようです。

下の子が赤ちゃんの場合、授乳やおむつ替えのタイミングが被ってしまうことがあります。歩き回るような年齢だと、あとを追いかけまわしているうちに終わってしまい、「何の話だったかよくわからなかった」という体験談もあります。

投稿者のＹＹさんのように、夫婦で仕事をやりくりしたり、学校に再度オンラインでの参加は可能かなど、問い合わせてみるというのはいいですね。

どうしても子連れ参加やオンラインでの参加がＮＧな場合には、祖父母に頼んだり、地域のファミリーサポートを利用する方法もあるでしょう。

私はファミリーサポートの提供会員をしていますが、依頼会員の上のお子さんの入学式参列のために、生後数か月の下のお子さんを預かって欲しいという依頼を受けたことがあります。赤ちゃんを連れて参加すると、時間によっては授乳しなくてはならない場合もあり、預けるという選択肢もあるということを知っておくといいでしょう。

子どもへの理解

子どもは親が保護者会に出ることをうれしく思っていることが多いです。「先生は何を話したの？」と興味深々で聞いてくることもあります。

対応のヒント

- 子連れで参加できないか学校に再度交渉してみる。
- 祖父母に預けられないか、ファミリーサポートを利用できないか検討する。

\#伝える

Q 気になることがあるけれど…忙しい先生と連絡をとるには？

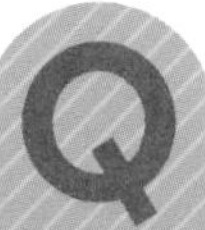

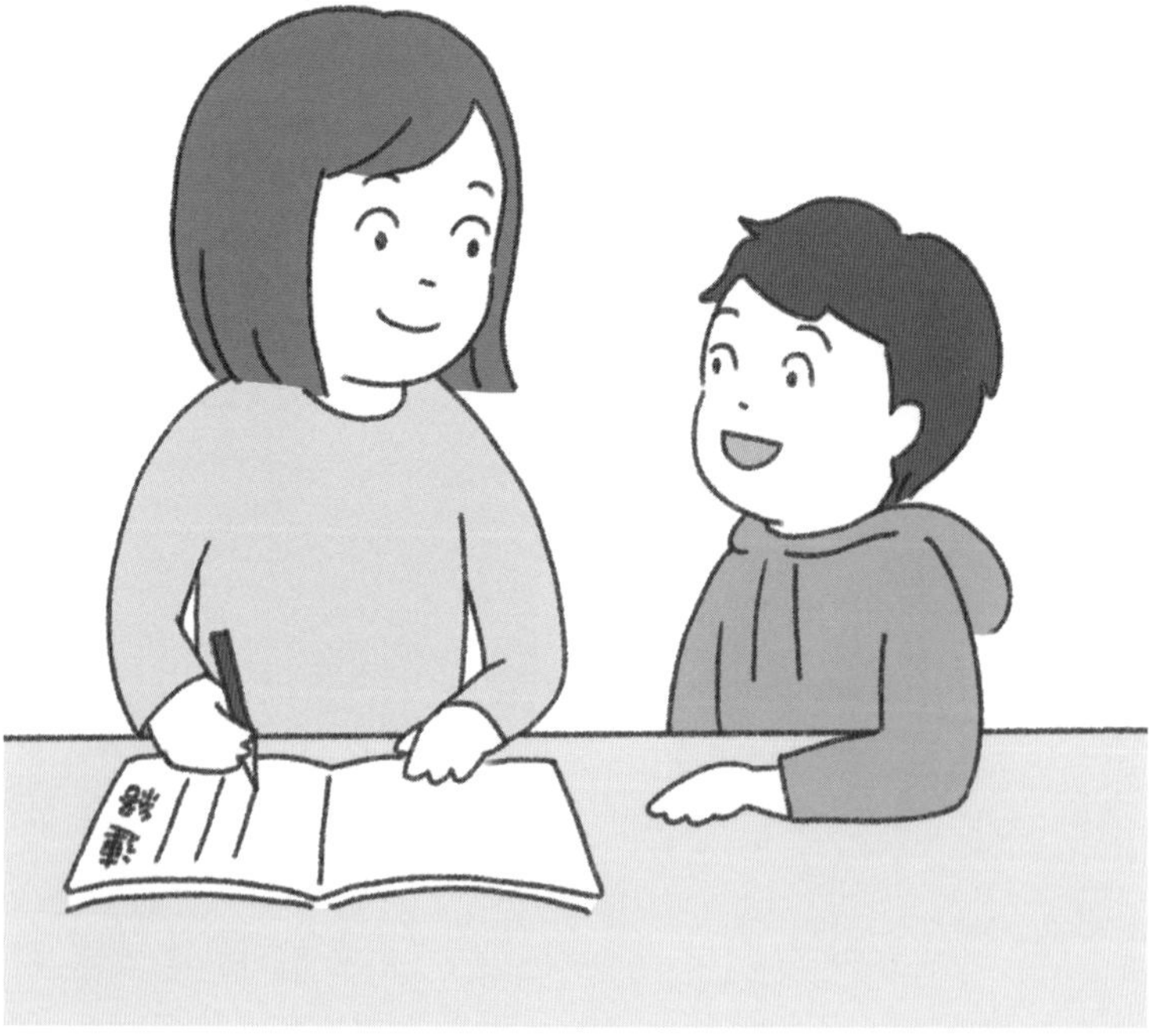

体験談と対処法

先生とのやり取りが希薄になる

保育園と学校で、先生との距離感ががらりと変わることに最初は戸惑いました。学校からは「気になることやわからないことは連絡カードや連絡帳に書いてください」との呼び掛けがありましたが、多忙な先生の仕事を増やすのは…とも思い、結局そのままにしました。（ともぞうさん）

学校に行く機会が本当にないので、PTA活動に参加し、先生と顔を合わせる機会を得ています。

園時代は連絡帳があったり、送迎時に先生と話すことができたり。そもそも毎日園に行くので、遊んでいる子どもの様子を目にすることもでき、作品などの掲示物やお手紙が貼られているなど、園からの発信や子どもの様子もわかりやすかったと思います。

小学生になると自分で学校に行くので、親は学校行事や保護者会など用事があるときにしか行かなくなります。

ともぞうさんの体験談のように学校から「気になることやわからないことは、連絡カードや連絡帳に書いてください」と呼びかけてくれることもあるようです。ともぞうさんは、多忙な先生に遠慮して連絡帳など使わなかったようですが、学校の先生もすべてを把握できているわけではないため、**心配なことはぜひ伝える**ようにしましょう。

書いて伝える方が整理されてわかりやすいことも多いのですが、直接伝えたいとか、説明したいのであれば、電話で相談してみるのもいいですね。放課後電話してみて、先生の都合がつかなければ、いつ頃お話しできるか聞いてみましょう。

さらにともぞうさんは、ＰＴＡ活動に率先して参加したとのこと。学校に行く機会が増えたり、先生と直接話すことも増えるので、おすすめです。ＰＴＡ活動は大変というイメージが強いですが、最近は少しずつ変わり始めています。役員になってＰＴＡ活動のスリムアップを提案するのもいいですね。

子どもへの理解

子どもから話を聞くのはもちろん大事ですが、親が学校に関わってくれている、先生とやり取りしていることは、子どもにとっても心強いことです。

対応のヒント

- 心配ごとなどがあれば、連絡ノートや手紙などを使って、先生に伝える。
- 込み入った内容であれば、放課後の時間などに学校に電話して都合のいい日時を調整し、先生と直接話してみる。

宿題のかかわり どうしたらいい？

体験談と対処法

宿題ができないことを指摘されて

先生からいちいち、できないことを指摘されてしんどかったと思う。（ハッピー☆さん）

あとになって知ったので小5からしたことですが、すべての宿題を断りました。家でしっかりリフレッシュできるようになりました。

宿題がうまくいかないとイライラ

少し繊細で、年長の頃は療育を受けていた息子。小学校や学童で頑張って帰ってくるので、家に帰るとイライラすることも多く、宿題も一問でもうまくいかないと、怒りだしてしまうことがありました。（MHさん）

幸い私（母）が、コロナ以降リモートワークを推進している会社で働いており在宅中心なこと、下の子が0歳児で保育園に通い始めて時短制度を活用できたことから、上の子が帰ってきたときに家にいて、話を聞いたり、宿題に付き合うことができ、また時折、学校や学童に行きたくないと言うときも本人の希望を優先させることができました。繊細な上の子に寄り添いたいという、わが家の大切にしていることを実現することができ、本当にありがたかったです。

宿題を親が見てあげられるのか？

小4ですが、宿題のレベルが上がってきた。どこまで親が導けるか。（Tさん）

宿題問題はなかなか大変です。

わが子も小学校に入ったばかりの頃が、一番大変でした。特に長男はちゃんとやりたいという気持ちも強く、最初はひらがなを書くという宿題でしたが、曲がってしまったり、上手に書けないと何度も消したりしているうちに自分でイライラしてきて、ノートを破ってしまった日もありました。

そもそも園とは違って一日中基本的に椅子に座って先生の話を聞く小学校の生活が始まって、子ども自身とても疲れています。MHさんの投稿にもあるように、さらに学童に通うとなれば、生活の流れや先生、指導員、友だちなどの人間関係も学校と学童それぞれで違うため、そこに**子ども自身が慣れていく期間が必要**です。

慣れていけばなんとかなってくるものですが、**"慣れる"期間は個人差もあります**。すぐに慣れたように見える子でも、実はかなり無理してそれぞれの流れに合わせている子もいます。そういったことも親として理解し、配慮していくことが必要です。

宿題は先生の考え方に左右されることが多いようです。入学してすぐに宿題を出す先生はいないと思いますが、子どもへの負担が大きいようなら、減らしてもらうなどの相談をすることも大切です。

最近では宿題をなくしたり、夏休みの宿題を自由研究だけにする学校も増えつつあります。忙しい家庭環境を考えれば、宿題を課さずとも、学校で学びを完結できるようにしていくことも大切なのではと個人的に思います。

もっとQ&A

Q 「先生の言っていることや授業がわからない」と言ってきます。

A まずは教科書を開きながら「今日はどこをやって、どこがわからなかったの?」と聞いてみましょう。その場で親が教えて子どもが理解すれば解決するかもしれませんが、本人の理解力というより、先生自身がわかりにくい説明をしている可能性もあります。「みんなはわかってたのかな?」と友だちの様子も聞いてみるといいでしょう。もし「みんなもわからないみたい」という返答や、みんなのことはわからないけれど、何度も「わからない」と言うことが続くなら、先生に「わからなくて困っている」とできれば子どもから、難しいようなら親から伝えてみましょう。

「困っている」と先生や友だちに子どもから伝えられるようになることは、学校生活を送るうえでとても大切です。

子どもへの理解

学校や学童の環境に慣れるだけでいっぱいいっぱいになっていることもあり、それが宿題をする気になれなかったり、取り組んでもイライラしてしまうことにもつながります。

対応のヒント

- 子どもの心や体の疲れをキャッチする。
- 場合によっては先生に宿題を減らせないかと相談してみる。

人間関係
変化

Q

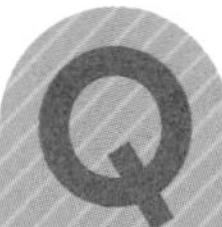

先生や友だち 生活の変化への対応は どうすればいいの？

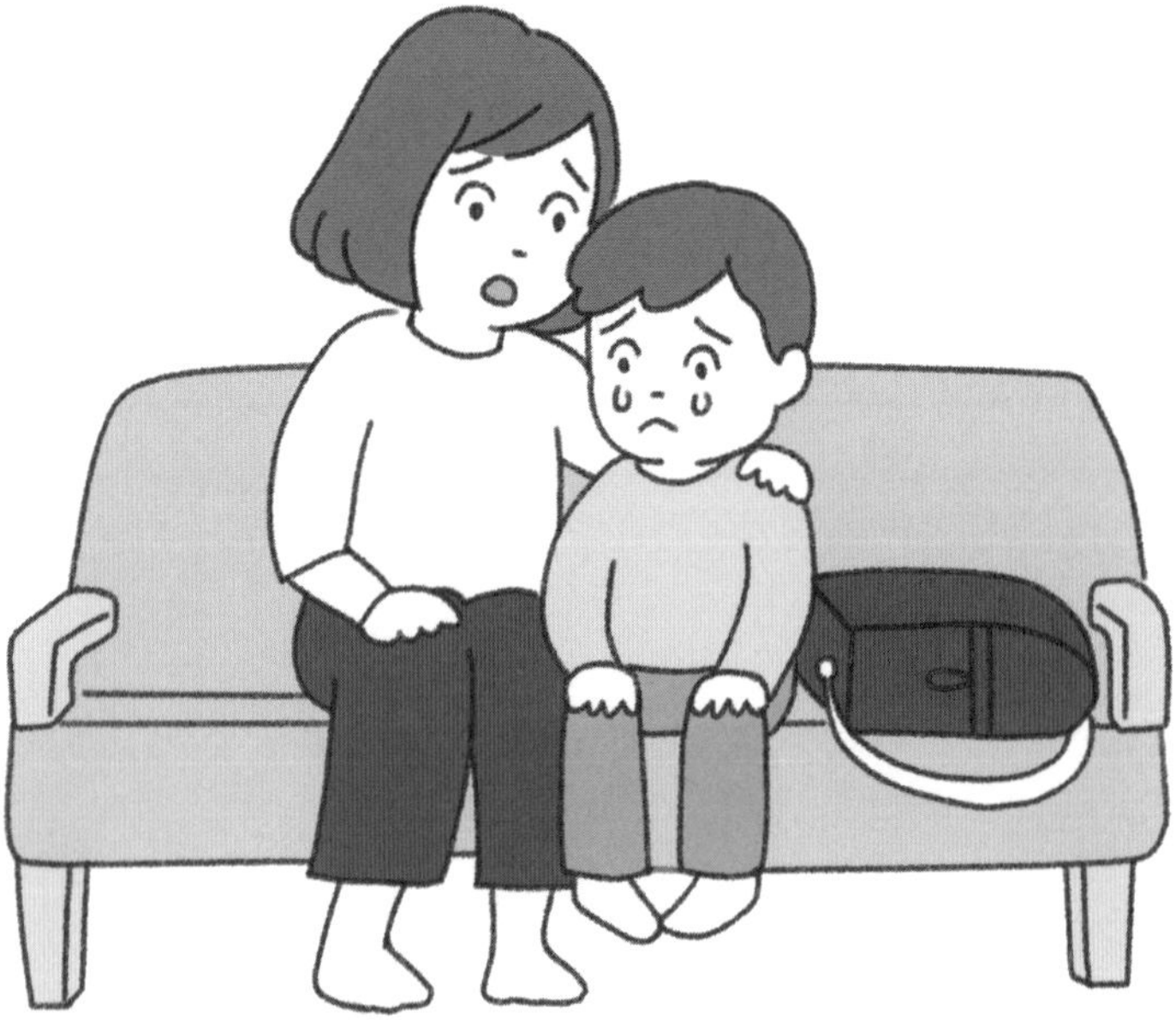

体験談と対処法

学校が楽しくないと言う

学校の「べき、ねば」に飲み込まれてしまった。三人目でやっとのびのび育てられるようになったのに、学校の画一的な慣習に一気に飲み込まれ、自信をなくし、まわりの目を気にし、何より学校は楽しくないと言います。（イルカさん）

家庭では入学前から学校や先生が正しいとは限らないと、間違うこともあると話しています。が、それだけじゃ駄目でした。

いい子すぎる

小4ですが、さまざまな気遣いをしていい子すぎる。（のんこさん）

大好きをいっぱい伝える。君にはリーダーの素質がある。でも、リーダーが全部解決したら組織は大きくならない、と子どもにアドバイスしている。学校ともその点について、息子は認められる事で何かを埋めようとしているので見てあげて、と伝えています。家ではたくさん注目されているよ、どんな君でもＯＫだ、と伝えるようにしています。

学級崩壊

学級崩壊で担任の先生が5月の連休明けから休職。人材不足で代替の教員は配置されず副校長が代役に。クラスはさらに荒れることに。（どんぶらこさん）

クラスの有志保護者会を開き、教育委員会、区の窓口などに働きかけた。教員の人数が足りず、担任不在のまま卒業することになり行政の不備が露呈した案件になった。教員の増員、待遇改善、業務の効率化・デジタル化による労働時間の短縮、変化する価値観、環境に対応できるための教員への教育が必要だと感じた。

スクールカウンセラー

息子が小6のときです。小1から不登校の息子はすっかりアニオタ（アニメオタク）でした。転校した先の小学校のスクールカウンセラーがアニオタで、エグいグロい、ややエロい漫画を息子にオススメしました。（マンゴープリンさん）

息子はすっかりそのエググロエロ漫画にハマりました。あまり読ませたくない内容のものだったので、スクールカウンセラーにオススメする漫画の質を考えてほしいと頼みました。そしたらスクールカウンセラーは「親と子どもは違うということをお母さんはわかってください」となんだか私がめっちゃ怒られました。母親の気持ちを理解してくれるカウン

セラーがいたらいいのにと思いました。

イルカさんの投稿にありましたが「学校の画一的な慣習に一気に飲み込まれて」しまう子も少なくありません。校風にもよるのですが、「こうすべき」「こうあるべき」という雰囲気が強い学校は、まだまだ少なくありません。

本来学校は学びの場ですから、安全で居心地よくなければならないと私は思っていますが、まだまだそのようになっていない学校があるということは、親として心得ておくといいでしょう。

そんなときに親として一番大事なのは、投稿者ののんこさんのように「あなたの味方だよ」という姿勢であり、それを言葉として伝えることです。それだけでも、子どもは自信と勇気を持てることもあります。

学級崩壊のような場合は、子どもだけの力ではどうにもなりません。

投稿者のどんぶらこさんのように、学校や教育委員会などに親が働きかけることも必要です。そのときに大切なのは、個人ではなく、有志で動くようにすること。できるだけ同じように感じている保護者の仲間と動いた方が、いろいろな情報が集まりますし、わが子だけのためにというよりも、子どもたちのためにという印象も強くなり、学校や教育委員会も話を聞き、動いてくれることが多いようです。

スクールカウンセラーは、子どもや親にとって身近に相談できる存在のはずですが、投稿者のマンゴープリンさんのケースはそうではなかったようですね。あまりにも偏ったアドバイスをされると、子どもも親も戸惑います。そのような場合は、学校や教育委員会に相談してみましょう。

子どもへの理解

子ども自身も学校生活に合わせようと頑張るあまり、それが過剰適応になってしまう場合もあります。

対応のヒント

- 子どもが無理をしていないか、困っていないか、キャッチできるよう心がける。
- 状況によっては親が状況整理し、必要に応じて先生や学校、教育委員会に相談していくことが大事。

コラム

スクールカウンセラーとは

公認心理士や臨床心理士などで、実績も踏まえつつ、都道府県または指定都市が選考し、スクールカウンセラーとして認めた者とされています。児童・生徒へのカウンセリングや、教職員、保護者の相談対応などにあたります。

各都道府県または政令指定都市の教育委員会が採用して、学校に派遣しているため、学校や児童・生徒、保護者にとっては第三者となり、話しやすい反面、直接的な解決が難しい場合もあるようです。

かなりの学校に配置されつつありますが、週に1度などでほかの学校と兼務していることも多く、困ったときにすぐに相談しにくいということも言われています。

#変化
#向き合う

Q 転校のときに子どもに寄り添うには

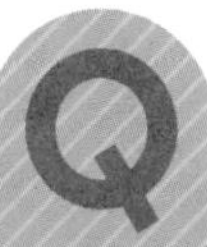

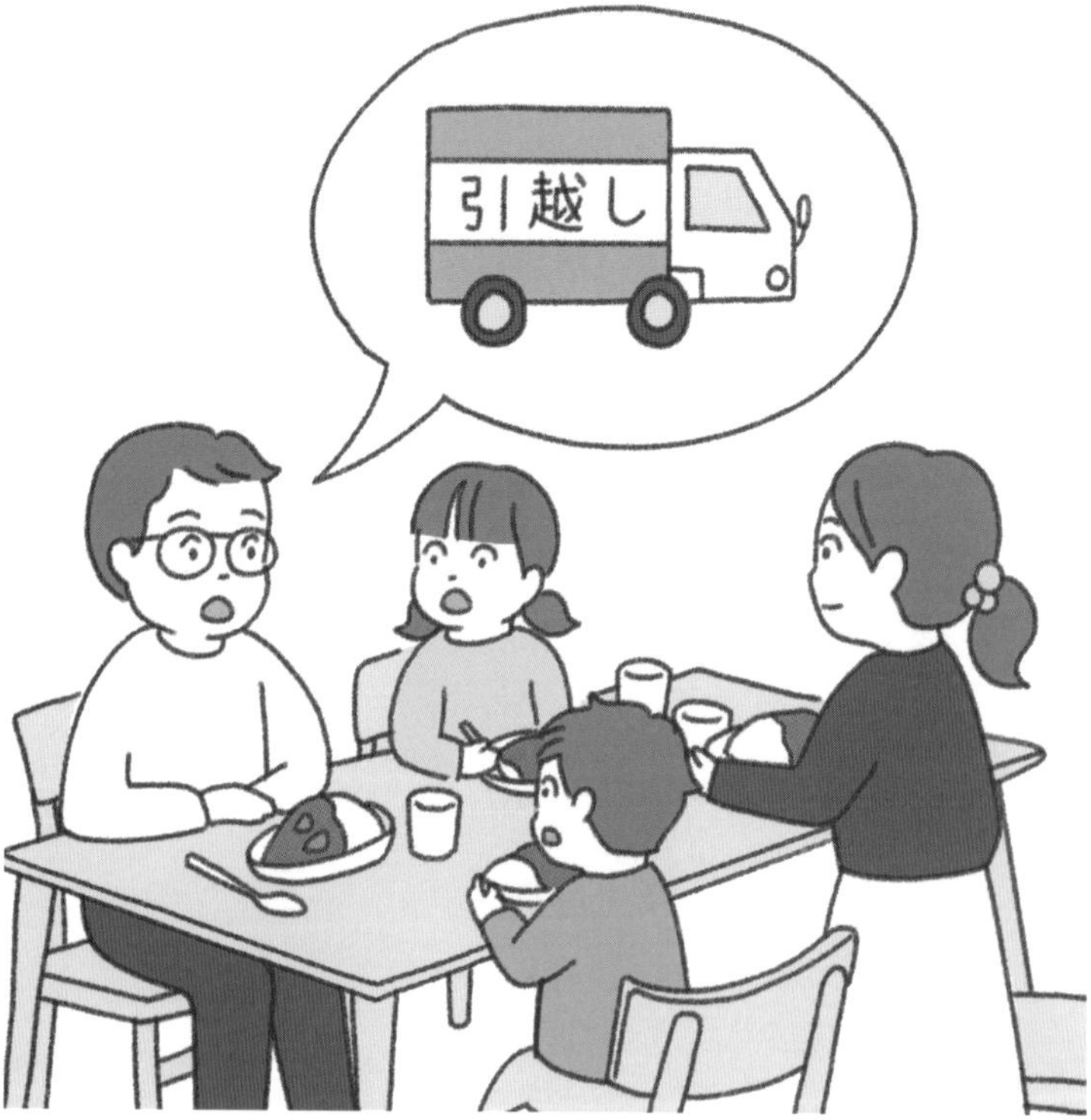

体験談

転校を経験

自身の話ですが、小学校1年生の2学期で転校を経験しました。親に転校を告げられたのも転校のほんの数日前。小学校に上がってから友だちづくりのハードルが少し上がった気がしていたので、そんな中せっかく仲良くなった友だちとのお別れはとても悲しかったのを記憶しています。（AOさん）

転校になるときに「子どもに言っても仕方がないから」「心配をかけたくないからぎりぎりまで伝えない」と考えるパパ・ママもいるようです。でも、子どもにも人間関係があり、友だちにお別れの挨拶をしたり、新しい学校に転校する心構えも必要です。

話が決まったらなるべく早めに子どもにも伝えておきましょう。また子どもの学年や親の考え方にもよりますが、子どもが「学校を変わりたくない」と言う場合に、しばらくはパパかママが引越し先に単身で住むという方法もあります。特に子どもが6年生だったら、あと1年だから学校を変わりたくないと思う子もいるでしょう。

子どもには早めに伝え、**転校しなくてはならないという理由も含めて、きちんと話す**ことが大事です。別々に住むことが無理など、子どもにあらかじめ理由も含めて伝えておくことで、子ども自身も大事にされている、自分の気持ちも考えてくれていると思うでしょう。

子どもへの理解

子どもも急に「引越す」「転校する」と言われても困ります。早めに伝えましょう。子どもも挨拶をしたい人などいるでしょう。また、引越し先、転校先の情報も伝えましょう。なにも知らないと不安になります。

対応のヒント

- 引越しや転校することは早めに子どもに伝える。
- 引越し先や転校する学校の情報など、子どもと共有する。
- お世話になった近所の人などには、親子で挨拶に行くのがおすすめ。

#スケジュール管理

急な学校の変更にどう対応すればいいの？

from 小学校

台風のため下校を早めます。なお、学童はありません。

体験談と対処法

急遽お弁当作りが発生

長男が小1のとき、小学校の給食室工事があり、半年間お弁当作りが発生。共働きで家事の分担も偏っていて、わたしが仕事を辞めるか、夫が家事を手伝うかの選択に迫られる。（TNさん）

夫はSEで平日に家事を手伝うことはできなかったため、週末に弁当の副菜にもなるつくり置きをして対応。

台風で急遽下校

台風で急遽早下校になったことがあって、保育園との違いを痛感した。（CMさん）

玄関の鍵をリモートで開けられるように変更した。

学校の代休日の対応

一人での留守番、特に学校の代休日に留守番させるのが不安。（りんりんさん）

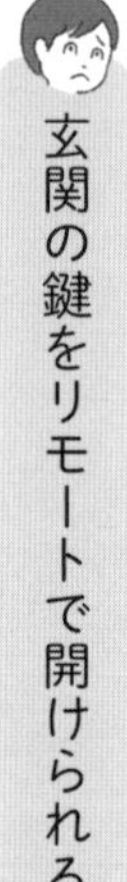

近所の方に一人で留守番をしていると伝え、時々みてもらった。

投稿者ＴＮさんのケースでは、急遽、半年間のお弁当作りが発生して、ママが仕事を辞めるか、パパが家事を手伝うかという選択に迫られたとのこと。お弁当づくりだけの話ではなく「共働きで家事の分担も偏っていて」とのことで、根本的な問題もあったのでしょう。

週末にお弁当の副菜を作り置きして対応したとのことですが、多分ここで夫婦の話し合いもなされたのではないかと思います。この夫婦の話し合いがとても大切です。

お互いに「できない」と言っていては解決になりませんから、**「どうしたらできるのか」と考えることが重要**です。

私は育児誌の編集長として海外取材に何か国も行き、プレスクールなどでお弁当を見る機会もありましたが、日本のお弁当のクオリティが高すぎると思っています。海外のお弁当は、ビスケットとバナナというようなものも多かったです。夫婦で家事をシェアする、冷凍食品や便利家電も利用する、つくり置きしてくれる家事代行サービスなどもありますね。**多少お金はかかっても、その分の時間や体力が浮くと考えてみる**と、「みんなで疲れ切っているよりも意外といいかもしれない」ということにもなりそうです。

急な下校や留守番などというときは、信頼できる近所の方にちょっと心に留めておいてもらうことも考えましょう。子ども一人だと心配ですが、ご近所の目があるというのは心強いでしょう。また、友だちと一緒に過ごさせてもらうというのも、相手のお家の状況にもよりますが、一案として検討してみるといいでしょう。そのためにも、地域のママ友やパパ友とつながっておくといいですね。

子どもへの理解

急に休みになったりすると、親に迷惑をかけてしまうと考える子もいます。また、急な留守番なども、子どもを不安にさせます。

対応のヒント

- 親の働き方を調整してみる。
- 急なこともあるので、地域にいざとなったときに子どもが頼れる顔見知りをつくっておく。

第4章

人間関係のトラブルが起こったら

小1は人間関係にとても疲れる時期

小学校に入り、先生や友だちなどいろいろな人間関係が広がっていきます。学校や先生との関係については、第3章でお伝えしましたが、まず押さえておきたいのが、**子どもを取り巻く環境が大きく変わる**ということです。

そして子ども自身、園生活から小学校生活に変わる大きな変化によって、**小学校入学してしばらくは心も体もとても疲れている**ということを理解しておきましょう。疲れていると、思い通りにできなくなることも多いものです。新しい友だち、授業や宿題など初めてのことばかり。心も体も疲れているので、親としてはまず、家庭での生活習慣を整えることを心がけましょう。

一番大事なのは**起きる時間を決めておく**こと。そうすると夜は眠くなるので、寝る時間も整ってきます。テレビを見たい、ゲームをしたいということもあると思いますが、子どもと相談して起きる時間を決め、逆算して何時ごろに寝るといいかを相談しておきましょう。

そして、テレビやゲームをする時間を、帰宅後どのようにやりくりするのかを話し合っておくといいですね。

きょうだい喧嘩も小学校に入った頃に増えることが少なくありません。疲れているのでイライラしやすくなる、きょうだいにあたる。下の子にちょっかいを出されたり、絡まれたりすると、今まではそれなりに受け止めたり流したりできていたのに、乱暴な言葉をかけたり、手を出すこともあるかもしれません。それは疲れによって、子どもの怒りの沸点が低くなっているからです。

小学校に上がってしばらくは、子どもが学校から帰ってきた夕方の時間、なるべく子どものペースで過ごせるように、勉強机やテーブルの上で宿題をしたり遊ぶなど**小学校に入った子どもだけのスペースを確保**して、下の子が立ち入れないような工夫も必要です。

一緒にいるときょうだい喧嘩をするから関わらせなければいいということではありません。人間関係を学ぶためにときには喧嘩も必要ですが、**入学直後は子どもの疲れや心の安定を少し優先して考える**ようにしましょう。

体験談にも出てきますが、今まで出会わなかったような友だちと一緒のクラスになることもあります。それも子どもにとっては大きな体験です。落ち着きがない子（人）などもいるのが世の中。いろいろな人がいるという世の中を生きていくために、どう付き合っていくのかを学んでいくことも大切な経験です。

もちろん、友だちから暴力を振るわれたり、いじめられるというようなことがあってはなりません。そういったことを子どもから聞いたり情報をキャッチしたら、子どもと話し合いながら、場合によっては先生や学校に相談するといいでしょう。

子どもの力を信じて任せることも大事ですが、今は問題が複雑化してしまう傾向もあります。状況にもよりますが、「あなたの問題なんだから、先生（友だち）に言えばいいじゃない。あなたができることをやってみなさい」と言うと、繊細な子は、自分で解決しなければいけない、親に心配をかけてはいけないと考えてしまい、「言えない自分はダメな子だ」と思い詰めてしまうこともあります。

まずは困りごとを受け止めて、「どうしたい？」「どうしたらいいと思う？」と問いかけ、「ママ（パパ）にして欲しいことはある？」と聞いてみるといいでしょう。子どもからいじめなどのトラブルを聞いた場合、親がすぐに学校に相談してしまうことはよくありません。場合によっては、「ちょっと話を聞いて欲しかっただけなのに、なんでいきなり先生に言うの？」「まずは自分から友だちに言おうと思ってた」などと、子どもの心を傷つけてしまうことも。まずは**子どもに「どうしたいか」「して欲しいことがあるか」を聞いて、子どもの力になる**ことを心がけましょう。ただし、いじめが続くなど心配な場合には、子どもと相談したうえで、先生に伝えるなどの方法を考えるといいでしょう。

スマホを持たせる？持たせないと困る？

体験談と対応法

スマホを持っている子といない子のグループ

小4ですが、スマホを持っている子どもと持っていない子どものグループの作り方に困る。（あさやまんさん）

母親同士のラインのやり取りで補った。

体験談は小4のお子さんのママからですが、子どもにスマホを持たせるかどうかということは、小1からでも起こる悩みです。ここは子どもにも要望を聞きながら、夫婦で相談しましょう。

子どもが「みんな持っているから」と言うこともありますよね。私の体験から考えると「みんな」と言うときはたいていい3人くらいのことが多いです（笑）。

子どもが「欲しい」と言ったら、「なぜ必要だと思うのか」「ないとどのように困ることがあるのか」をまずプレゼンしてもらいましょう。そのうえで親としてどう考えるのか。**子どもの言い分も聞きつつ、それぞれの家庭の考え方や方針と照らし合わせて**決めていきましょう。もちろん家庭の方針として決めたから、絶対にそれを変更しないということではありません。子どもの主張も聞きながら、状況も考えて、わが家の方針も大切にしながら一番いい方法を考えていきましょう。

投稿者のあさやまんさんの場合は、母親同士のラインで補ったとのこと。小学生の間はスマホを持たせないという方針なら、持っている子と持っていない子の連絡を親がどう補うのか、親同士で相談しておくのはとてもいいですね。

子どもへの理解

スマホを持ちたいという気持ちや理由を言語化することが難しい子もいます。スマホを持っていないことでの困りごとについて聞いてみた方が言葉にしやすい場合もあります。

対応のヒント

- 子どもの気持ちや言い分をよく聞く。
- スマホを持たせる場合は、子どもと話し合ってルールを決める。
- スマホを持たせない場合、持たないことで困りごとがあればどのように解消するかを子どもと相談しておく。

授業の邪魔をする子ども、どうしたらいい？

体験談と対応法

友だちが授業を妨害

同じ学級に授業を妨害するお友だちがいて、学校へ行きたくないと言う日が増えた。（Ｍａｒｔｉｎさん）

校長先生や教務主任、学年主任の先生のことが好きだったので、その先生方に会いに行こうと誘った。特別支援学級（＊ｐ１４２）だった事もあり、個別指導の時間を作って頂き学習だけでは無く、親自身の人間関係の愚痴を聞いてもらう時間も作って頂いた。

体験談のＭａｒｔｉｎさんのケースでは、お子さんが特別支援学級だったようですが、通常学級においても、このようなケースは近年少なくありません。授業中に立ち歩く、大きな声を出す、授業を妨害してしまうなど、このような行動を起こす子ども自身も、成長発達上、または親子関係などで何かしらの困難を抱えていることが多くあります。

またそのような環境では授業中の安心・安全が守られていないため、周囲の子どもも落ち着かなくなってしまいます。年齢や特性にもよりますが、繊細な子ども（最近はHighly Sensitive Child　略してＨＳＣとも言われる）は大きな声や急な動きなどに、驚いたりおびえたりします。

子どもが親に相談してくれたら「仕方ないから我慢しなさい」と言うのではなく、子どもの困りごととして受け止めましょう。子どももそれぞれで、感じ方は違うものです。

困りごとを相談してくれるのはとても大切なことです。相談したのに親から否定されると、「相談しても仕方がない」「相談しても変わらない」と思ってしまって、相談してくれなくなることもあります。相談してくれないと、親も先生も困りごとに気づかず、大きな問題になってしまうこともあるのです。

まずは**「そんなことがあったんだ」「相談してくれてありがとうね」と受け止める**

ことがとても大切です。

このような状況を子どもから聞いたとき、学校の先生も大変だから、と思ってしまいがちですが、学校を安心・安全の場所にすることは、先生の大事な仕事でもあります。体験談のＭａｒｔｉｎさんは、校長先生や教務主任、学年主任の先生と連携したり、個別指導の時間も作ってもらったとのこと。やはり言わないと伝わりません。

先生自身も問題意識を持っているとは思いますが、保護者から伝えることで、より問題が明確になるケースもあります。

先生に相談することはとても大切ですが、中には取り合ってくれない先生もいるでしょう。その場合は、信頼できる先生を見つけて相談してみましょう。親が「しかたがない」とあきらめないことも大切です。

そしてもうひとつ、親自身の悩みを聞いてもらうことも大事です。

１９９５年度から、スクールカウンセラーが全国に配置され始めました。スクールカウンセラーというと、子どもが悩みを相談するというイメージかと思いますが、親の相談にも対応してくれます。スクールカウンセラーが常駐していない場合もあるので、学校に問い合わせて相談のスケジュールを確認してみましょう。

＊特別支援学級：障害を持った子どもが、個別のサポートを受けながら、学習や生活を進めていかれるように、通常の学級とは別に設置されているもの。

子どもへの理解

授業を妨害してしまう子どもは、何かしらの問題を抱えていることもあります。

対応のヒント

- 「我慢しなさい」と一蹴せず子どもの困りごととしてきちんと受け止める。
- 学校の先生やスクールカウンセラーに相談する。

上級生、先生に子どもが怒鳴られた!?

体験談と対処法

上級生に怒鳴られて

上級生（2年生）に怒鳴られたことがあり、「先生に言うのですよ」と伝えたが、旦那が深刻に受け止め学校の担任に手紙を書いた。担任もしっかり受け止め対応してくれたが、私はそれくらいどうってこと無いと受け止めたため、どこまで伝えるべきか判断が難しいなと感じた。（くみみんさん）

担任に手紙↓しっかり対応してくれ、怒鳴りつけた相手（わが子）に謝ってもらう。本人は安心したようです。

校長先生が叱責

校長先生が悪いことをした生徒を校長室で叱責する人で、わが子が小4のときに着任以降、卒業まで落ち着かなかった。（エモリさん）

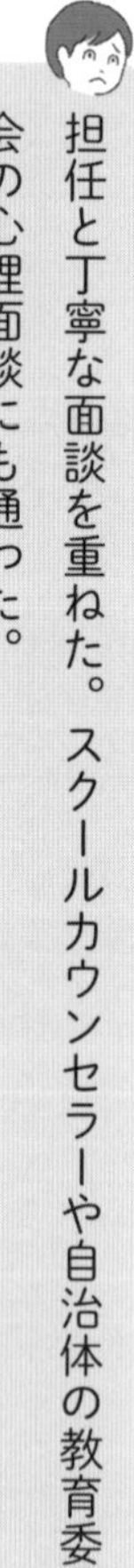

体験談は上級生と校長先生ですが、担任の先生から叱責されるということもあります。くみみんさんの場合、上級生から怒鳴られたことを担任の先生に手紙で伝えたとのこと。もちろん内容や状況にもよりますが、担任の先生はクラス全員をみなくてはならないので、すべてを把握するのは無理なことです。まずは対処してもらうということの前に、**事実として伝えておくということは必要**です。

伝え方としては、くみみんさんのパートナーのように、手紙で伝えるというのもひとつの方法でしょう。口頭で伝えるよりも、整理しやすくなります。ただ、書いたものは残りますから、事実や、子どもの気持ちや状況、対処についての希望など書き出したうえで、感情的な表現になっていないかを確認することが大切です。

「怒鳴られた」といっても、とても繊細な子は、大きな声を出されただけでそう思うように、感じ方は子どもによってそれぞれ異なるということを知っておきましょう。また、上級生や教師、校長先生に叱責された、怒鳴られたというときに「あなたが悪いから、怒鳴られても仕方ない」といった声がけは避けましょう。もし子ども自身が悪いことをした場合には、十分に反省しているでしょうから、さらに親が叱責することは不要です。なぜそのような言動をしたのか、どうしたらよかったのかを子どもに聞いて話してみるようにしましょう。

エモリさんの体験談の校長先生がどのような人だったのかはわかりませんが、そもそも校長室に呼び出すというのは、子どもにとってとても重い行為です。度重なるようなら、そこまで何か問題があるのか、ほかに解決方法はないのかを親も一緒に考えてみてはどうかと思います。同じことで何度も呼び出して叱るのは、校長先生にも負担がかかるでしょうし、子どもが成長できていると思えません。さらに子どもが委縮してしまう可能性もあります。

校長先生が聞き入れてくれない場合は、教頭先生から助言してもらえないかまず相談してみましょう。それでも改善されない場合は、教育委員会に伝えて、校長に申し入れてもらうようにしましょう。

担任の先生との面談はもちろん、スクールカウンセラーや教育委員会の心理面談にも通ったとのことで、メンタルにも影響があったのかもしれませんね。お子さん自身の特性的なこともあったのかもしれません。もちろん子ども自身が学校で自分の気持ちを伝えたり、コミュニケーションを取っていくことは大事ですが、先生や校長先生、上級生などとの関係がうまくいかなくて困っているようなら、エモリさんのように、**親が状況整理に動くことも必要**でしょう。

そして、そのように親が動いてくれたことを、子どもは見ています。親は自分の味方なんだという思いを強くし、子ども自身、どのようにしていくべきなのかを考えるきっかけになったり、成長にもつながっていくことでしょう。

子どもへの理解

子どもが悪いことをしていればそれは改善すべきですが、何度も呼び出したり、怒鳴りつけるなどで子どもが怖がり委縮しているなら、それも問題です。

対応のヒント

- 子どもに状況を聞いて、親にして欲しいことがあるか聞く。
- 先輩や先生との関係など、状況整理が必要なら、子どもと相談して学校やスクールカウンセラー、副校長、校長、教育委員会などに伝える。

#スケジュール管理
#伝える

Q
友だちと遊びの約束、ちゃんとできるかな？

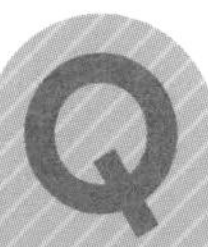

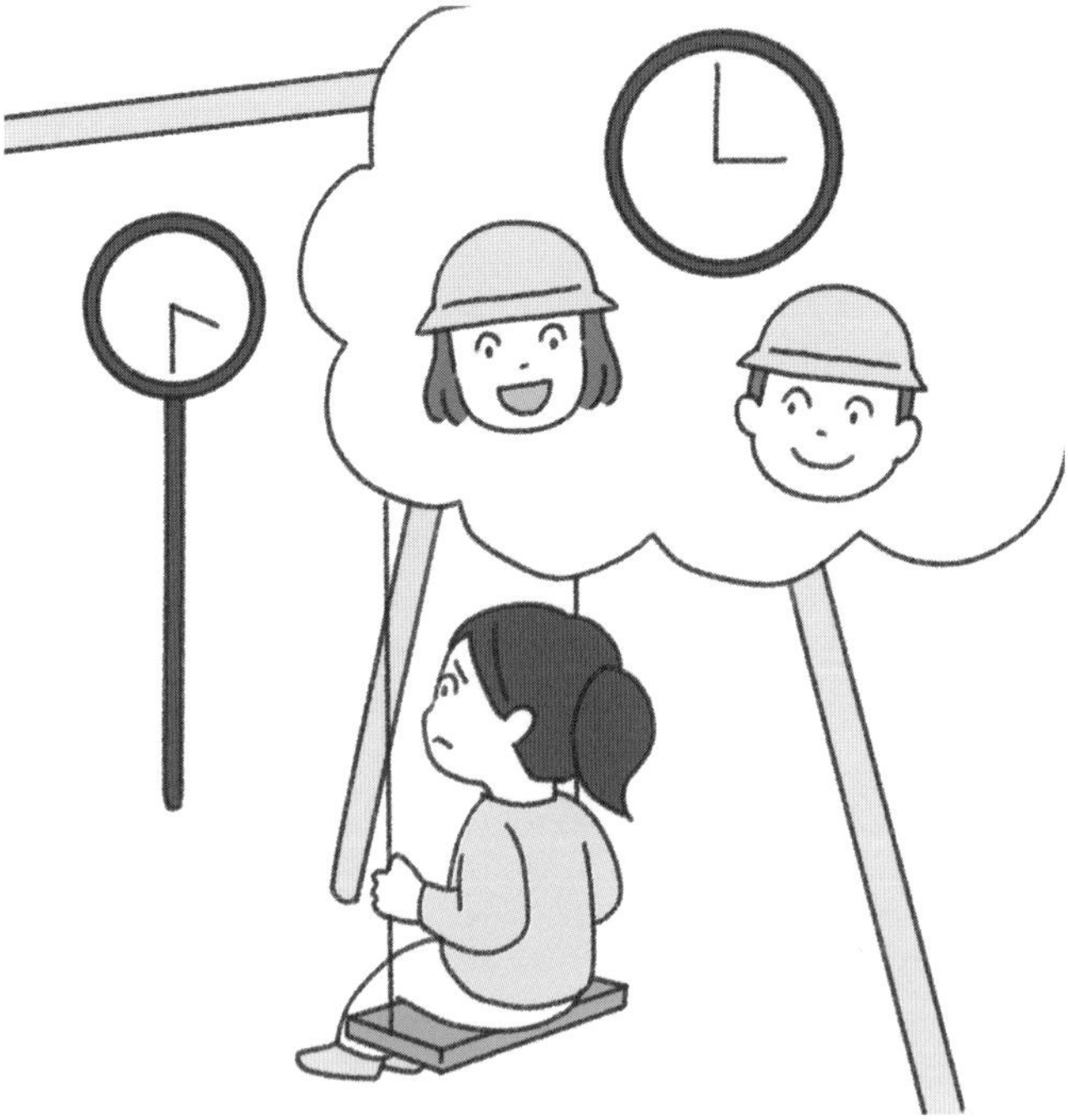

体験談と対応法

友だちとの遊びの約束があいまい

友だちと約束してくるようになりました。しかし時間と場所がフワッとした内容で約束してくるので、ちゃんと待ち合わせできないことがあります。

（冷えとりママさん）

わが子が約束をした友だちの行きそうな場所を探したり、話した内容からヒントを探して当てはまりそうな場所を探したりします。でも2か所くらい探して会えなければあきらめますね。親御さんが親しい方なら知らせることもありますが、基本的には子ども同士でやり取りできるようになってほしいのであまり親は手をかけないようにしたいところです。次回はもう少し具体的な約束をしてくるようにわが子に話します。

園時代は、親が遊びに連れて行ったり、親子で遊んだりして、友だちと会えないということはなかったと思いますが、小学生になると、子どもだけで待ち合わせするようになります。

わが子も体験談の冷えとりママさんと同じようなことがあり、「友だちと遊ぶ約束した。行ってくる」と言って出かけ、30〜40分後くらいに帰ってきたことがあります。「どうしたの？」と聞くと、学校の正門前で待っていたけれど来なかったとのこと。そもそも時間や場所を相談していなかったようでした。

あとから友だちに聞いた話によると、学校から帰ってきて眠くなりそのまま昼寝してしまったようです。

子ども同士で遊ぶ約束をするときには、「どこで」「何時に」と確認することは経験してだんだんとできるようになっていきますが、しばらくは親もそのようなことがあるということを心得ておくといいでしょう。

体験談の冷えとりママさんのように、時間があれば子どもと一緒に探してあげるのはとてもいいと思います。一緒にさがす中で、友だちと行くお気に入りの公園などを子どもから教えてもらうのもおすすめです。

小学校1・2年生くらいなら**「知らない場所に行く場合は、事前に教えてね」と、子どもと約束**しておくといいでしょう。意外と遠いところだったり、ちょっと危ない場所だったりすることもあります。友だち同士で知らない場所に行くことになったとしたら、相談してからにすること。親と連絡が取れない場合などは、親が帰宅後に相談して翌日以降に遊びに行く、など子どもと話し合っておくことが大切です。

または、地域に大きな商業施設がある場合は、危ないことなどに巻き込まれる可能性もあることを子どもに伝え、「子どもだけで行ってはいけない」と、約束しておくことが大事です。

子どもへの理解

友だちと遊びたいという気持ちが先行して、具体的な場所や時間を決めていないことが往々にしてあります。場所も自分が思った場所を伝えていないのに、友だちもそこに来てくれると思い込んでいることもあります。

対応のヒント

- 友だちと遊ぶ約束は時間と場所を決めておくことを伝える。
- 知らない場所に行く場合は、親に事前に相談することを子どもと約束しておく。
- 商業施設など、子どもだけで行ってはいけない場所を、子どもにしっかり伝えておく。

● 約束の場所でわかりやすい場所

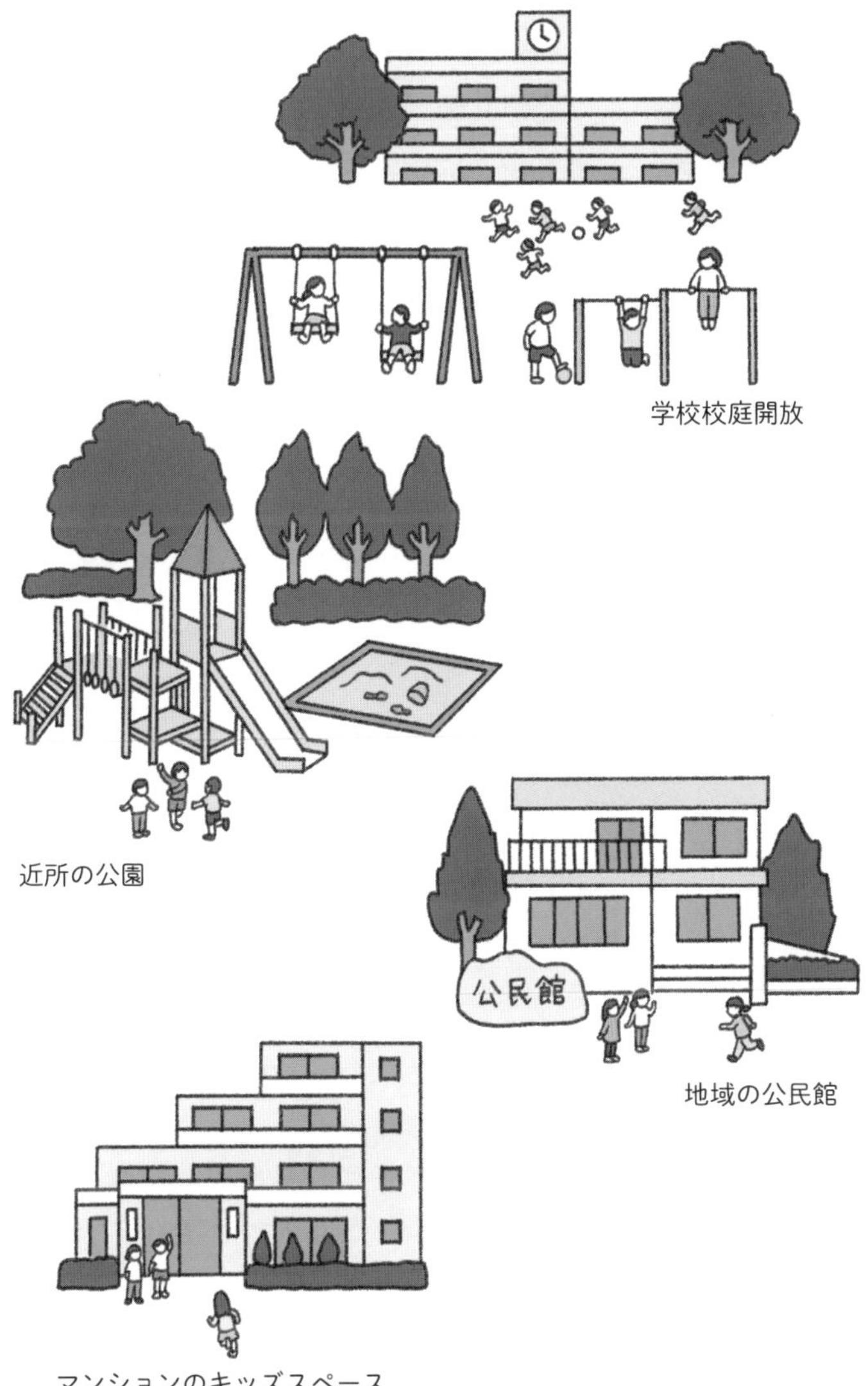

学校校庭開放

近所の公園

地域の公民館

マンションのキッズスペース

＃人間関係

Q きょうだい喧嘩にぐったり…どう対処すればいいの？

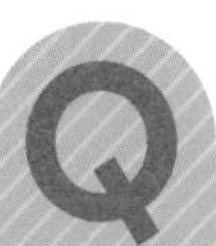

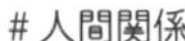

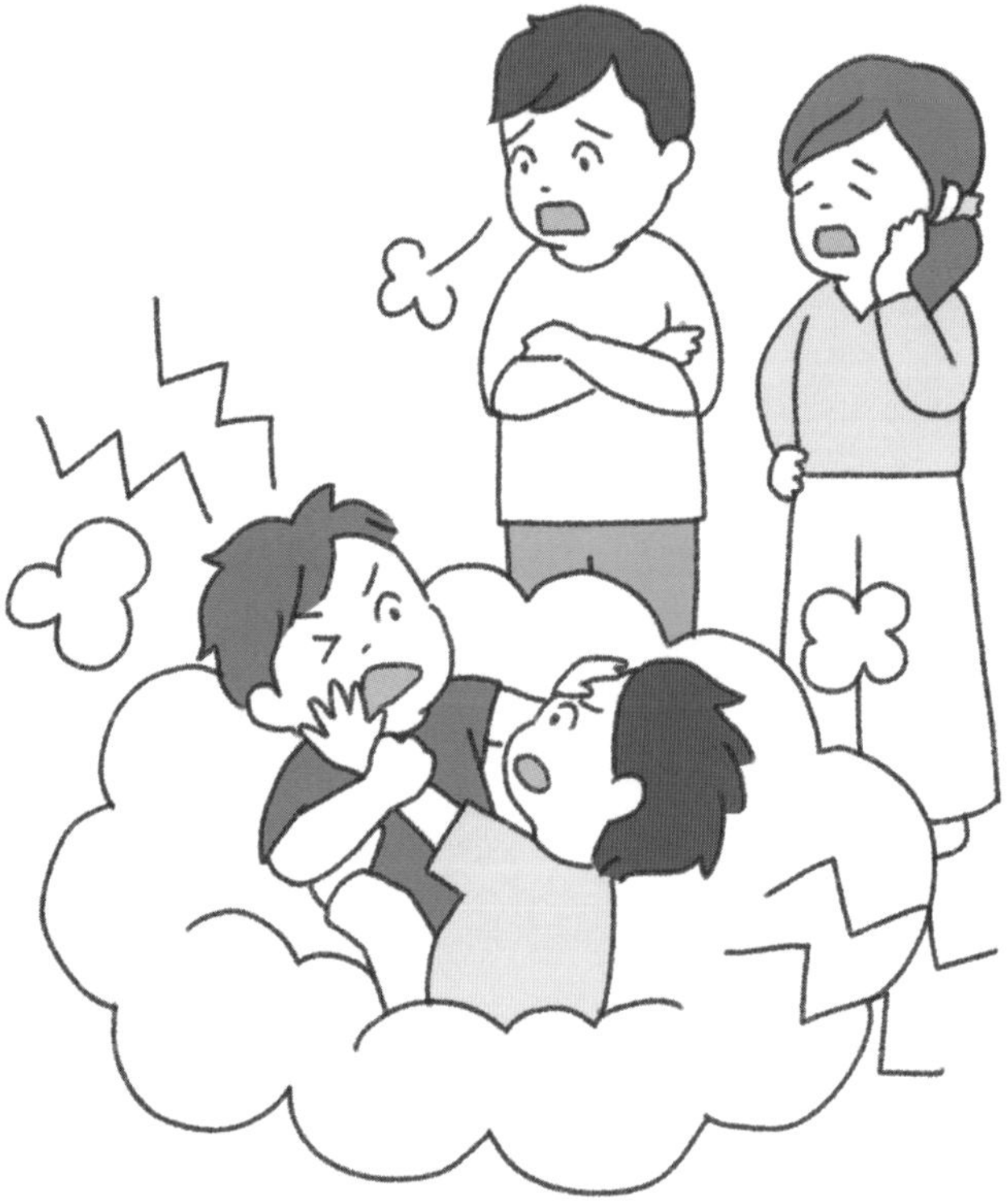

体験談と対応法

きょうだい喧嘩が激しい

帰宅後にご飯を作って食べさせて、お風呂に入れて寝かせるまでの2時間弱、気持ちにゆとりなどなく、子どもの話もろくに聞いてあげることができていませんでした。上の子は順応性が高かったので学校では楽しく過ごしていたようですが、その時期きょうだい喧嘩が激しかったです。今振り返るとストレスが喧嘩を引き起こしていたんだろうなと思います。（Ｎｉａｏｃｏさん）

学童のおやつが粗悪なお菓子類だったので、上の子はお腹が空いてイライラしていました。下の子は保育園でおにぎりなどの補食をとらせてもらっていました。学童のおやつをしっかりしたものにするのは健康面でも大切だと思います。

小学校入学は、園時代と生活が大きく変わります。行く場所が変わる、学校まで歩いて行く、先生や友だちが変わる、授業中はじっと座っていなくてはならないなど、順応性が高い子どもでも、いろいろなことが変化して、心も体も疲れます。さらに学童も始まれば、学校生活にプラスして、変化への対応をしていかなくてはなりません。大人でも夕方以降は疲れてイライラすることもありますが、**子どもも新しいスケジュールや集団生活のスタートで疲れている**、ということを心得ておきましょう。疲れているとイライラしますから、投稿者のＮｉａｏｃｏさんのお子さんたちのように喧嘩するなど、ぶつかり合いも多くなります。お腹が空いてイライラと書いてくださっていますが、まずは帰宅したら子どもにすぐに食べられる補食（少しお腹が満たされるような果物や小さめのおにぎりなど）を用意しておくといいでしょう。

下の子の年齢にもよりますが、上の子にちょっかいを出して、喧嘩になるケースもあります。下の子も保育園などの集団生活を送っているのであれば、夕方は疲れもたまってぐずりやすくなります。上の子も疲れてイライラの沸点が低くなっているので喧嘩になりやすいのです。

ケンカを回避する方法としては、**それぞれの子がゆっくり過ごせるように、居場所を確保**するのがおすすめです。下の子は床に座ってブロックや積み木で遊び、上の子はリビングのテーブルで宿題をするといったように居場所を分けることで、ぶつかり合いを防ぐ効果が期待できます。

もちろん年齢によって、一緒に宿題を頑張ったり、勉強を教え合うなどのメリットもあります。子どものその日の気分や調子などもあるので、状況に合わせて、子どもと相談しながら工夫してみるといいでしょう。

もし喧嘩になった場合は、「ここで話し合って」とテーブルを挟んで座らせるなど、ちょっと場所を変えてみましょう。保育園では「ピーステーブル」と呼んでいるところもあります。子ども同士、話しているうちにクールダウンできることもあるのです。

子どもへの理解

疲れているとつい、ちょっとのことでイライラして喧嘩になることもあります。一緒の場所で何かをしていると、揉めることが増える傾向にあります。

対応のヒント

- お腹が空いているとイライラしやすいので、サクッと食べられる補食を用意する。
- きょうだいそれぞれの居場所を確保する。
- 喧嘩になったら、テーブルを挟んで座らせるなど、場所を変えてみる。

もっとQ&A

Q 学校で友だちにけがをさせたと連絡が。どうしたらいい?

A 学校からそのような連絡が入ると気が動転して、内容を冷静に把握できないことがありがちです。まずは学校からの連絡内容をしっかり聞いて、詳しく状況を確認しましょう。このときメモをとると見返すこともでき、パパとの情報共有もやりやすくなります。学校の先生は、先生が見たこと確認したことを連絡してきてくれるので、連絡を受けた後は子どもへの事実確認をしましょう。このときに頭ごなしに「なんてことするの!」「学校から連絡がきたじゃない!」などと、怒鳴りつけるのは禁物です。子どもからみた詳しい状況や自分の気持ちを言えなくなる可能性があります。

けがの内容によっては、子どもと一緒に先方に直接謝った方がいい場合もあります。先生に相談してみましょう。

Q 学校で友だちにけがをさせられた様子。どんな手順を取るといいの?

A まずは子どもの話を聞き、先生が知らない場合には状況を共有しましょう。

通院が必要なら、念のため診断書を取っておくといいでしょう。医療費自体は保険や子ども医療費制度でカバーされると思うので、学校や医療機関などに確認しましょう。

相手に対しては、できるだけ先生に調整してもらい、相手のお子さんに必要に応じて指導してもらいましょう。

いじめなど故意ではなく、遊ぶときや移動するときなどに相手が意図せずけがを負わせてしまった場合は、学校の環境としての配慮や調整、改善などの対応を先生や学校にしてもらうことも必要です。

Q 子どもが「イヤなことをされた」と言っています。これってイジメ?

A まずは「イヤなこと」の内容を「誰に」「どんなことをされたのか」具体的に聞いてみましょう。

「自分がイヤなことは相手にやらない」と子どもに伝えている親もいますが、たとえば係決めのときなどに「〇〇さんがいいと思います」と推薦されて「推薦してくれて、うれしい」と感じる子もいますし、「なんで私の名前を出すんだろう。イヤだな」と思う子もいます。

相手を尊重しない言動はＮＧですが、同じことでも、イヤだと感じるときと、イヤではないと思うこともあるということも親としては踏まえながら、子どもの話を聞くといいでしょう。

「イヤなことをされた」というのは子どもの意思表示ですから、可能なら「イヤだ」と言えることも大切です。ただ内容によって「イヤだと言うと後でひどいことになるから言わない」ということなら、それは心理的、環境的にも安全性が保たれていない状況かもしれません。イジメなども含め、そのような状況なら、子どもと相談して先生にも共有して対処をお願いしてみましょう。

Q 子どもが「仲間はずれにされた」と言ってきたら?

A 小学校低学年の場合はまだ人間関係を学んでいる最中ですから、意識的に仲間はずれにするというよりは「仲良しの子と一緒にいたい」「あの子と話したい」ということで、結果仲間はずれのようなことになってしまうこともあります。

親としては心配になりますが、その日だけということもあるので、「仲間はずれにするなんて!」と親の方が過度に心配し過ぎないことも大切です。親の過度な心配に子どもが不安になってしまうこともあります。

ただ、そのようなケースが繰り返されているようなら、子どもとも相談しつつ、先生に伝え配慮してもらうようにしましょう。相手の気持ちを考えることは、子どもたち同士にとっても、人間関係を学ぶ機会になります。

Q クラスメイトに容姿のことを言われたら？

A 一昔前は、容姿をからかったり、意地悪なあだ名をつけて呼ぶなどもありましたが、今は人権の観点からもそのような行為はＮＧです。友だち同士ちょっとふざけてたまたま言ってしまうこともあるかもしれませんが、先生がいればすぐに静止して諭すべき内容です。

学級会や道徳の時間などで学んでいくと思いますが、もし継続して言われるようなことがあれば、子どもと相談して、先生にも伝え、指導してもらうようにしましょう。

Q 子どもが学校で喧嘩した様子。相手の親に連絡した方がいい？

A 取っ組み合いの喧嘩をして、お互いにけがをしたなどということなら相手の親にも連絡した方がいいかもしれませんが、口喧嘩なら話を聞き、どうしたらいいと思うか、子どもと話してみましょう。

喧嘩するのは想いや考えのずれがあったからでしょう。うまく伝わらずに喧嘩になることもありますが、子ども同士、お互いに気持ちを伝えあい、話し合って解決していくことを学ぶチャンスと捉え、どっしり構え見守ることも必要です。

Q 遊びに行くときにお金って持たせるの？

A 低学年のうちは金銭感覚やお金の管理が未熟なので、お金を持参しない方がよいでしょう。

お金を持っていない友だちに貸してあげた、おごってあげたなど、貸し借りから友だちとトラブルに発展したり、なくしてしまうこともあるので、持っていかないと決めた方が無難です。

金額が決まっている遠足用のおやつを友だちと買いに行くなど、必要なときには「事前に親に伝える」「レシートとお釣りをきちんと持って帰る」などのルールを決めておきましょう。

Q 遊びに行く範囲って、学区内ならＯＫ？

A 低学年の頃は特に、遊びに行く範囲を「○○の交差点までならＯＫ」「ゲームセンターは親と一緒に行く」などと決めておく方が安心です。学区内であっても、繁華街や工事現場など、心配な場所もあります。これはただ禁止という伝え方ではなく、「○○が心配だから、子どもだけで行かないように」と理由も伝えるようにしましょう。

「友だちと電車に乗って○○に行きたい」ということなら、事前に親子で相談したうえで、場所によっては保護者のどちらかが同行するなどの方法もあるでしょう。子どもの自主性を育てることと同時に、子どもを危険から守ることも大事です。

Q 友だちの家に遊びに行くとき、何か持たせる？

A その都度、何か持たせていくと、相手の親にも負担になる場合があります。お互いさまで気軽に行き来する関係になるといいですが。わが家は下の子もいるから、友だちの家で遊ばせてもらうことが多い」ということなら、旅行に行ったときに手土産など、たまにお礼をお渡しするといいでしょう。

その場合でもあまり負担にならないものにして、「これおいしかったら家族で食べて欲しいと思って」というように気軽な感じでお渡しするといいでしょう。

Q 家に友だちを呼ぶとき、おやつを出す?

A おやつは心を豊かにしてくれるものですが、基本的には出さなくていいと思います。たとえば「もらい物のミカンがたくさんある」など、何かちょうどあるようなら、出してあげるのもいいですが、最近ではアレルギーなどで乳製品や柑橘類など特定の食材を食べられない子もいます。小学生になれば子ども自身が把握していると思うので、出す場合は遊びに来た子に事前に確認するようにしましょう。

Q 家で友だちと喧嘩したらどうする?

A 言い合い程度なら子ども同士に任せておきましょう。ただ、手を出すようなことがあれば危ないので、静止しましょう。必要に応じてわが子と友だちの言い分を聞いて整理し、どうしたらいいのか考えさせるといいですね。
大人はこのようなときに「○○したらいいじゃない」と先回りして言ってしまいがちですが、できるだけ指示せず、子ども同士で自分の考えや気持ちを伝えたうえで、どうしたらいいのかを考える場にしましょう。

その日はイライラが爆発して気持ちを収められず仲直りできないかもしれませんが、お互いの気持ちを共有することは、今後生きていく中でも大切なことです。きっとそのうちに仲直りできると思います。もちろん仲直りできないこともあるかもしれません。友だち同士であっても人間関係は変わっていくものです。仲良かったのに、仲良くなくなって、またしばらくすると仲良しになっているということも少なくありません。親は少し長いスパンで見守っていくようにしましょう。

Q 友だちが来たとき、「妹や弟がじゃま」と言います。

A わが子が言う場合と、遊びに来た友だちが言う場合が考えられますが、下の子は上の子や上の子の友だちと遊びたがる傾向にあるように思います。

遊びの内容によっては集中したいこともあるでしょうから、下の子がじゃまできないようなスペースで遊ばせることも一案です。

そうは言っても世の中にはいろいろな人がいるのが当たり前です。いつもそのように上の子や上の子のお友だちばかりを優先するのではなく、状況に応じてできる範囲で対応するといいでしょう。

第5章

夏休みの生活サポート

#スケジュール管理

長期休みの夏休み どうやって乗り切る？

体験談と対処法

長期休みの送迎と過ごし方

長期休み（特に夏休み）。親とすると毎日お弁当。送り迎えも必要。子どもにとっても丸1日学童になる。そもそも学童が面白くないそうで、長すぎるとの感想。どちらも苦しんでしまう。（でらさん）

親の実家に長期間預けた。

学童が夏休みになかった

夏休みは学童がなかった。（CMさん）

入学間もない5月頃から夏休みキャンプへの申し込みや実家に預ける日程の調整が必要だった。

子どもの夏休み体験の格差？

小1の夏休みが終わった後、保育園とは違い、夏休みは家でいっぱい遊んだり、お出かけしているおうちがたくさんあると知り、来年は学童に行きたくないと言った。私自身も子どもの夏休みの体験格差を感じて申し訳なく思った。（ぱたぱたさん）

学童の待機児童が多い

地域に3つしか学童がなく80人待機と言われた。それなのに次年度増えるどころかひとつ閉鎖になると言われ絶望を覚えた。（shinakosanさん）

自分で学童を立ち上げた。

夏休みや冬休みの長期間学校が休みの時期に、学童に預かってもらうというのは、働く親として欠かせない部分でしょう。学童で預かってくれないところもあるので、事前に確認してどのように過ごすのかを考えておくことが必要です。

地域のファミリーサポートを使う、子ども向けキャンプなどの予定を組み合わせる、親の働き方を在宅中心にするなどして調整する。あとは、親同士が協力して預かり合うなどの方法もあるでしょう。

投稿者のでらさんのように、祖父母宅で夏休みを過ごしてもらうのも一案だと思います。頼れる祖父母がいればぜひ検討してみましょう。思い切り田舎生活というわけではないにしても、家とは違うルールがあったり、食事の内容が違ったりするなど、**いつもと違う日常生活を体験できる**ことは、子どもにとってもいい学びになります。

投稿者のぱたぱたさんの体験格差についてですが、もちろんたくさんの体験をすることも大切ですが、おうちによってはなかなかそうもいかないこともあります。子どもにとって「親子で〇〇へ行った」というのもうれしい体験ですが、「親子で〇〇をつくった」というのも、楽しい体験として覚えていることも多いものです。**行ったことより、やったことの方が印象に残る**傾向もあるようです。

親子で料理のつくり方を調べて一緒につくってみたり、椅子や棚など日曜大工をしてみたり。どんなことでもいいので、親子で一緒にできることをひとつ考えてみるのもいいですね。

学童の待機児童が多いというのは、首都圏に多く見られる問題です。共働き家庭が増えていますから、これも親が声を上げていくことが必要でしょう。自治体に要望する、議員さんに質問してもらうなど、できることをしていくことが大事です。**声を上げなければ改善しません**。すぐに改善しないかもしれませんが、問題があることを伝えていくことはとても大切です。

子どもへの理解

夏休みの体験は大事。親子で一緒にできる体験は、子どもの記憶に残ることでしょう。

対応のヒント

- 学童の夏休みの預かりについて確認しておく。
- 長期休みの過ごし方について、先輩ママ・パパなどにも体験談を聞いてみる。
- 長期休みにひとつでもいいので、親子で取り組めることをやってみる。

長期休みのときにどうするか？

多くの共働き世帯は、長期休み中の子どもの過ごし方について頭を悩ませていることでしょう。小学校生活はじめての、最大の山場とも言えるのではないでしょうか。学童以外の子どもの居場所について、幾つかの選択肢をお伝えしますので、ぜひ参考にしてください。

・放課後子ども教室

放課後の子どもの預け先ということでＰ23でも紹介していますが、学校の空き教室の場合は長期休みには閉室になる場合が多いのですが、地域の公民館などを利用している場合は、開室しているところもあります。まずは確認してみましょう。

・祖父母や親せき宅に預かってもらう

別な場所や家で暮らすことは子どもにとってとてもいい経験になります。お手伝いなども積極的にやらせてもらうようにしましょう。食費などもかかるので、生活費を渡すなどの配慮も必要です。

・児童館や図書館

わが子だけだと心配なら、友だちと一緒に行くと安心です。午前中は児童館や図書館、午後は自宅で過ごすなど、ある程度スケジュールを決めておくのがおすすめです。

・サマーキャンプ・習い事の体験教室

地域のスポーツクラブなどがサマーキャンプを実施している場合もあります。また夏休みは体験教室などもいろいろ実施されています。親同伴の場合もありますが、子どもだけ参加のものもあると思うので探してみるといいでしょう。

・ファミリーサポート・ベビーシッター

やはり心強いのは、ファミリーサポートやベビーシッターです。ベビーシッターの場合はきょうだいなら割引があるケースも多いようです。

・ママ友パパ友

　在宅勤務なども使いながら、近所のママ友やパパ友と連携して子どもを預かり合うのもいいですね。

　ぜひ同じような境遇のお子さんがいれば、「長期休みどうするの？」と聞いてみましょう。サマーキャンプに参加などの情報が得られれば「じゃあわが子も参加させてみよう」となるかもしれませんし、選択肢が広がるでしょう。

　いずれにせよ親が勝手に決めないようにしましょう。「仕事に行っている間、こうやって過ごすのはどうかな？」と、まずは子どもと相談してみるのが基本です。

第6章

PTAは働く親の「敵」ではない!?

ＰＴＡや親の連携についてどう考える？

働いている親にとって小学校のＰＴＡを「大変そう」と心配されている方は多いと思います。学校によって取り組みはまちまちですが、ＰＴＡ活動（打ち合わせなど）を日中に行っているケースもまだ少なくないので、担当している親に負担がかかっているのが現状です。

そもそもＰＴＡとは、Ｐ＝Parents（保護者）、Ｔ＝Teacher（先生）、Ａ＝Association（組織）の略です。活動内容は、本部役員、広報委員、校内活動委員、教養委員などがあり、学校によってはもっとさまざまな種類の委員会があります。

ＰＴＡの役職の決め方は、立候補、現役員の推薦、子どもの在学中の生徒数によって１、２回持ち回りで委員になるなど、さまざまです。

私は0歳児、3歳児の育児と仕事もしながらPTA役員になったことがあり、とても大変だったことを覚えています。断れなかった自分も悪いのですが、当時のPTA会長のスタンスが0歳児を育てていようが、働いていようが関係ないということもあったようです。

慣例的に行われている無駄に思える作業もありましたし、特に平日に行われるPTA会議が非効率で無駄話も多く長時間。1年生保護者の私が「そろそろ○○の議題を話し合いませんか」と切り出してひんしゅくを買ったこともありました。

今は、学校にもよりますが**PTA活動もだいぶ見直され、スリム化してきた**ようです。学校によっては作業の一部を外注化しているところもあると聞きます。

そもそも共働きの家庭が増えているのですから、活動を必要最低限にしていくべきではないでしょうか。連絡はLINE、会議は週末にというPTAも増えているようです。

PTA廃止論も出ていると聞きます。ただ、PTAを廃止した親からは「そこで知り合った保護者同士の交流や仕入れた情報は結構役に立った」「教育の質や、先生についてなど、行政に意見を述べるときにＰＴＡがあってよかった」という声も聞こえてきます。

以前ニュージーランドに取材に行ったときのことですが、小学校にＰＴＡ活動的なものがありました。親は子どもの世話が終わった夜にパブに集まって、学校のことや子どものことなどを話し合っていました。そのような関わり方含め、**親も参加しやすいＰＴＡだったらいいのでは**とも思います。ただこのようなことも、言っていかなければ変わりません。ＰＴＡ活動の内容で、「もっと改善した方がいい」「この作業は不要では」と、**しっかり問題提起をしていく**べきでしょう。

また私はＮＰＯ法人ファザーリング・ジャパン（ＦＪ）の理事もしていますが、ＦＪパパたちの中にはＰＴＡ活動や会長をしている人が多くいます。企業で仕事をしているパパたちは、ＰＴＡ活動も無駄を見直してスリム化していこうとする傾向があるようです。ＰＴＡはママがやるもので、会長だけは男性という意識を変えていくことも必要です。

PTA
バザー

PTA活動
どう大変なの？

体験談と対処法

配布物が多く内容も重複

学校から配布される手紙が多く、また内容が重複している。同じ内容を何通もの手紙に記載してくる。学級通信と学校通信の内容の重複など。（つむママさん）

同じクラスの保護者と仲良くなって、わからないことなど連絡を取り合えるようにした。

PTAや行事のボランティアが大変

子どもが小学校へ上がってから、PTAや行事ごとのボランティアがかなり大変でした。（もりぞうさん）

ＰＴＡ役員をやったとき、ＰＣ作業の苦手な方が多かったので、家のＰＣでできることを率先してやらせてもらい、平日、学校へ作業で行かなければならない事は免除してもらった。また、私の平日休みに日程を合わせてもらって集まりを開いてもらい、そのお礼としてお菓子を持って行って配ったりした。

不登校なのにＰＴＡ活動

子どもが不登校なのに親がＰＴＡに参加させられるのが苦痛。（マンゴープリンさん）

心療内科に適応障害の診断書を書いてもらいＰＴＡ活動を免除してもらったが、偏見の目で見られたり、ズルしているようにとらえられた。

投稿者つむママさんの「配布物が多い」という件ですが、配布物が多いということは、先生にも負担がかかっているということですね。それだけの種類の配布物を作成し印刷して配布するとなると、先生の時間も気力、体力も費やすことになります。また、小学校低学年くらいはまだ子どもが自分で学校からの手紙を出してくれると思いますが、高学年になるにつれてランドセルや机の奥にくしゃくしゃになって親に届かないこともあります。

最近では学校でもＩＣＴ化（インターネットなどを活用してコミュニケーションをスムーズにし、効率化する仕組み）が少しずつ進んできています。**ＩＣＴ化を進めてもらった方が、印刷や配布コストの削減にも**つながりますし、子どもの渡し忘れもなくなります。また、メールやネットに上がっている情報を昼休みなど仕事の合間に確認することもできますから、先生にとっても親にとっても好都合です。

ですが、このようなことも言わなければ変わりません。ぜひ学校や先生に要望してみましょう。

投稿者のマンゴープリンさんの「不登校なのに親がＰＴＡに参加させられるのが苦痛」というのは辛かったと思います。診断書を書いてもらったということですが、口頭で免除をお願いしても変わらない場合は、そのような対策も必要でしょう。

また逆に、「子どもが不登校になったけど、ＰＴＡ活動をしていたから学校の様子がわかって助かった」というエピソードもあります。

冒頭でＰＴＡ活動は大変と書きましたが、大変な部分はスリム化しつつ、**親同士や学校、先生とのコミュニケーションを通して、子どもたちの育ちを応援する**という観点でＰＴＡ活動を考えることも必要だと思います。

子どもへの理解

親がＰＴＡ活動などで学校に顔を出すと、子どもはうれしいもの。親を誇らしく思えることもあります。

対応のヒント

- ＰＴＡ活動を引き受けられない場合は、理由を伝えてきっぱり断ることも大切。
- ＰＴＡ活動の悪しき慣例含め、非効率な部分は相談しつつ、スリム化していく。

もっとQ&A

Q 「PTAに加入しないとどうなるの?」

A PTAの加入は任意ですから、加入しないといけないということではありません。ただPTA費を卒業式時の謝恩会の開催や子どもへのお祝いの品に充てている場合もあります。たまにニュースになりますが、PTA未加入の子どもには記念品が配布されないなどのケースもあるようです。子どもにとっては、差別的に感じることもあるでしょうから、状況によって実費を払い同じように対応してもらうなど、相談してみましょう。

PTA不要論もあり、PTAをなくした学校もあります。PTAのそれぞれの委員会の内容や、やっていることを見直しスリム化することも大切だと思います。そもそも必要なのかを議論してみるのもいいのではないでしょうか。

Q 「仕事とPTA活動の兼ね合い、どうしてる?」

A 一昔前は、PTA役員には専業主婦がほとんどだった時代もあり、会議時間が平日日中に設定されていたことも多くありました。今は小学生ともなれば共働き世帯がほとんどですから、会議時間を平日夜や週末にしたり、基本的にはＬＩＮＥなどのＳＮＳグループでやり取りするという方法に変更しているところも多いようです。自分が我慢して時間を合わせればと考えてしまいがちですが、ほかのメンバーも困っているのではないでしょうか。会議の時間や回数、方法などについても、役員同士で相談してみるといいでしょう。

Q「ＰＴＡの人間関係に疲れた」

A ＰＴＡ活動に最近はパパたちも参加するようになってきましたが、女性ばかりなど同質性が高い組織では、人間関係で苦労することも少なくないようです。
あくまでも担当した分はやり、人間関係については適度に線を引きながら関わっていくと割り切るのも大切なことです。仕事をしている人は職場でも同じようなことがあると思いますが、仕事として割り切って対応していると思うので、ＰＴＡの人間関係もある程度ドライに考えていけるといいでしょう。

Q「あまりに大変で役員を途中でやめたい。どうしたらいい？」

A

「引き受けすぎない」を原則にしましょう。日本のおもてなし文化的な「もっとこうしたらいいかも」ということは素晴らしいことですが、あまりに負担がかかりすぎることもあります。

仕事でも同じですが、できることとできないことを明確にするのも大切です。週末の行事に参加できないなら、「チラシは私が作りますね」など、自分のできること得意なことで力を発揮すればいいでしょう。

どうしても大変なら事情を説明し、できる最低限のことだけ請け負いましょう。

家族の事情は常に変わるものです。仕事もですが、子どもの病気や親の介護なども含めて状況が変わりどうしても難しいとなれば、役員をやめさせてもらえないかと申し出るのもいいと思います。

第7章

小学生時代の習い事、どうする？

小学生時代の習い事や塾とは

園時代から子どもに習い事をさせている家庭も少なくないと思いますが、小学校入学のタイミングで習い事を検討する家庭も多いでしょう。

ひとつ心がけておきたいのが、子どもにとって小学校入学というのは、生活にとても大きな変化をもたらし、心も体も慣れるのに時間がかかるということです。もちろん個人差があり、何の問題もなく小学校生活になじんでいく子もいますが、子どもによっては慣れるのに時間がかかったり、しばらくの間疲れてしまって、帰宅後機嫌が悪くなってイライラするような子もいます。

習い事を検討する場合は、「子どもが生活に慣れて落ち着いてきてから」と考えておきましょう。なんでもいっぺんに詰め込んでしまっては、子どもの心も体もパンクしてしまいます。入学後しばらくの間は助走期間として家での時間をゆったり過ごせるように配慮し、**生活リズムを整えていくことにまず注力する**といいでしょう。

もうひとつ心がけておきたいのが、**子どもの気持ちを尊重する**ということです。共働き家庭などは特に子どもが放課後だらけないかと心配になることもあると思います。私はファミリーサポートの提供会員をしていますが、小学校から帰ってきた子をサッカークラブの練習に連れて行き、その後お母さんの待つ自宅まで送り届けるというケースがありました。

サッカークラブで練習している様子も見守っていましたが、子どもはどうもやる気が出ない様子がありありという感じでした。親にもその様子を伝えましたが、親は練習の様子を見ていないのでピンと来ていない感じでした。

そもそも子どもがやりたいと言ったのか、親が習わせたかったのかわかりませんが、ときには子どもが取り組んでいる様子を見ることも必要です。「やる気が出ない」という子どもの姿の背景には、「やりたくない」「疲れている」「そもそも好きではないけれど、親に言われてやることになった」など、いろいろな気持ちがあるのかもしれません。

もちろん、自分でやりたいと言って始めた習い事でも、「やってみたらつまらなかった」とか「コーチと合わない」などもあるでしょう。子どもの様子を見て、子どもの気持ちを聞きながら、習い事を考えていきたいものです。

子どもが習い事をやめたいと言った場合、親は「今まで月謝を払ってきたのに」ともったいない気持ちになるかもしれませんが、子どもが苦痛なのに続けているなら、そのほうがよほど子どもの時間と体力を無駄に使っていることになります。**子どもの気持ちに向き合いながら、一緒に考えていく**ことが大切です。

B

#向き合う

習い事の練習をさぼります

体験談と対処法

習い事の練習をせずゲームばかり

習い事に対して本気で取り組めないでいます。練習をせずにゲームばかりなので父親とやめるやめないの言い合いになることもしばしば。（くまみくさん）

本人の気持ちを尊重して見守ることにした。

投稿者のくまみくさんの対応はとてもいいですね。親はついつい指示型で「ゲームをやめなさい」「練習をしなさい」と言ってしまいがちですが、子どもが取り組みたくない、取り組めない理由もあるでしょう。

どのような習い事かはわかりませんが、練習が大変なのかもしれませんし、そもそもその習い事よりも別なことに興味があるということなのかもしれません。子どもの気持ちは子どものものですから、やはり子どもに聞いてみるしかないのです。

そして、**困りごとは言語化できて初めて言葉にして伝えることができます。**「なんかやりたくない」「モヤモヤする」という時間も大切です。その気持ちに自分で向き合いつつ、「こういうことでやりたくない」と話してくれたら、そのときには「聞かせてくれてありがとう」と伝えましょう。

親として必要なら手助けしたり、助言することもあるでしょう。でもその場合でも、親が勝手に習い事の先生に伝えに行くのではなく、子どもに「伝えに行って欲しい？」と聞いたうえで、行動しましょう。**子どもの気持ちを否定せず、尊重する**ことが、何よりも大切です。

もちろん、「やめたい」「じゃあやめたら」とそのまま行動に移すということとはちょっと違います。何か手助けが必要かを聞いて、一緒に考えていく。その中で、前向きに取り組める環境に変わって行くかもしれません。あくまでも子どもとともに考えていくことが大切です。

子どもへの理解

子どもが習い事の練習をしないというのは、何らかの兆しを示している可能性があります。

対応のヒント

- 子どもの気持ちを否定せず受け止める。
- 理由を聞いてみる。理由を話してくれるのは、すぐではないこともある。
- 協力できることはあるか、子どもと相談する。

もっとQ&A

Q 「何をやっても長続きしません」

A まず、その習い事は、子どもがやりたいと言ったものでしょうか？ 子どもは親が喜ぶことが大好きなので、「この習い事どうかな？」とすすめられると「うん、やってみたい」と言うことも少なくありません。

「友だちがやっているからやりたい」ということもあるでしょう。

体験会などもあると思いますが、体験のときにはうまくできなくても目新しいことができるので楽しく感じることもあり、そのまま入ってみるという流れになることも多いでしょう。親としては、3か月程度はお試し期間と考えた方がいいかもしれません。

何度もやめることになるなら、次の習い事については子どもとよく相談して本当にやりたいと言ってから始めましょう。

親が対応しなくてはならないケースもありますが、絵を描くのが好き、泳ぐのが好きなど、習い事に通わなくても続けられるものもたくさんあります。習い事を始める前に、子どもが好きなことを見つけるというスタンスで、子どもと会話し、様子を見ながら経験を増やして、「もっとやりたい」となったら、習い事に通わせることにしてみてもいいですね。

Q 「仕事と習い事サポートの兼ね合い、どうしたらいい？」

A 習い事のサポートというと、多くの場合は送り迎えでしょう。さほど遠くない地域の習い事の場合は、子どもと通う道を何度か確認したうえで、通わせるようにしましょう。友だちが同じ習い事をしているなら、待ち合わせて行かせると安心です。親同士も連絡を取りながら、送り迎えを交互に担当するなどサポートの連携ができるといいですね。

学童から習い事に行く場合など、ファミリーサポートを利用するのもおすすめです。ファミサポさんに習い事に連れて行ってもらって親がお迎えに行ったり、習い事が終わってファミサポさんに子どもを見ていてもらい、親が迎えに行くなど、時間によっていろいろ工夫できます。

野球やサッカーなど運動系の習い事の場合は、保護者が週末に練習のサポートや、試合の同行が必要な場合もあります。習い始めるときに保護者の役割なども確認しておきましょう。

どうしても保護者のサポートが必要だけれども、仕事の兼ね合いで難しい場合は、習い事の担当者に相談してみましょう。同じように困っている保護者がいるかもしれませんし、対応方法など教えてくれるかもしれません。子どもとも相談して習い事を始めるタイミングを少し先延ばしにするなども検討してみるといいでしょう。

Q「習い事より遊びたい」と言ってきたら?

A 親は「遊んでばかりいないで」と思いますが、遊びから学ぶこともたくさんあります。習い事は基本的に先生やコーチなどから指示されてその通りにやりますが、遊びは自分たちで考えてやることがほとんどです。ゲームなどでも、友だちとコミュニケーションを取りながらやっている場合もあり、一概に遊びより習い事がいいとはいえないと私は思っています。

「今日はどうしても○○くんとこれをやりたい」と習い事を休みたいということがあるかもしれません。子どもの言い分も十分聞いたうえで、親も納得できるようなら、休ませるのも一案でしょう。「特に気になったから、友だちと今日これをやりたい」という気持ちは、先延ばしにすると熱が冷めてしまうかもしれません。子どもにとって今日することが大事なら、優先していいのではと思います。

ただ何度も習い事のときに、「休んで遊びたい」というなら、子どもとしっかり話し合ってみましょう。「習い事に行きたくない」から「遊びたい」と言っているケースもあります。子どもに理由を聞いてみるのが一番です。

Q 「学習塾、小1から入れる?」

A 中学受験を考えている場合など、早めに塾に入れたいと考える方もいると思いますが、子ども自身、小学校や学童、友だちや先生など新しい環境に慣れることに大変な時期です。子どもが新しい生活に慣れることを優先して、生活が落ち着いてから考えてはどうでしょう。

詰め込み型にならないよう、子どものペースもみながら子どもと相談して考えていきましょう。小学1年生なら、親が学習をみてあげることもできると思いますが、なかなか時間が取れずに、つい怒鳴りつけてしまうようなら、学習サポート的なところに通うのもいいかもしれません。あくまでも、子どもと相談してみて、が基本です。

Q 「週に何個習い事を入れる？」

A 習い事を多くやっているお子さんもいます。体験を増やしてあげることは大切ですが、習い事は基本的には先生やコーチがいて、指導の通りにやっていく形です。子どもの自由な時間も必要ですから、親は習い事を詰め込み過ぎないように心がけたいものです。特に入学時は、新しい生活に慣れるために、心も体も疲れがちですから、いきなりたくさんの習い事を詰め込むのは禁物です。
共働き家庭の場合、「習い事を入れておかないと子どもが怠ける」と心配して、習い事を詰め込む家庭もあるようですが、マンガを読んだり、ゲームをしたり、ただ、ぼーっとしたり。体と心をリラックス、リフレッシュする時間も必要です。

Q 「よその子の習い事がつい気になってしまう」

A つい友だちと比べてしまうことはよくあること。でも、友だちと比べず、わが子の過去と比べるようにしましょう。習い事の進度が遅くても、以前に比べると長く泳げるようになった、楽しそうに取り組んでいる、休まずに通っているなど、わが子なりに頑張っている様子が見えてくるはずです。

また、ほかの子が通っている習い事が気になる場合は、親にも聞いてみるといいでしょう。もし、わが子が興味を持ちそうな内容なら、体験してみるのもいいかもしれません。親は無意識に子どもにすすめてしまうこともありますから、無理強いにならないように気を付け、選択肢のひとつとして紹介してみましょう。

Q「やめたいと言ったらすぐやめていい？」

A まずは子どもの気持ちを聴くことが大切です。やめたい理由のやり取りを親子でしっかりやってみましょう。

「やめたい」と言っても、習い事は好きだけれど、「友だちが意地悪してくる」というようなケースもあるでしょう。それならやめる必要はなく、もし週に何度か習い事の曜日を選べるなら、その子と違う曜日に変更したり、先生に相談して、意地悪をやめてもらえるように指導してもらったり、環境を整えてもらいましょう。

または、習い事自体がつまらない、やりたくないということなら、無理に続けることはデメリットにしかなりません。習い事によっては、「わが子にとってはまだ時期が早かった」ということもあるでしょう。そのような場合なら、1年後に「またやってみたい」となるかもしれません。子どもの様子を見ながら、子どもと相談しながら、が基本です。

Q「スポーツと学習、習い事バランスに悩みます」

A これは子どもの気持ちと習い事の習熟度なども関係してくるでしょう。小中学校は義務教育ですから、習い事を頑張りたいといっても、最低限の学校の学習はクリアするようにしましょう。学校の授業だけでなく、友だちとの人間関係や係活動など、学校生活を通して学ぶこともたくさんあります。

授業がわかるということは、学校生活を楽しく過ごすために大きなポイントでもあります。これは学習塾に通わせるという意味ではなく、習い事が大変で、授業中眠くなったり、授業に取り組みにくくなったりしないような環境を整えることが大切という意味です。

学校の授業を楽しく受けることができ、そのうえで習い事に取り組みたいということなら、親としても可能な範囲でサポートしていけるといいですね。

第8章

「行きしぶり」「不登校」対応のヒント

行きしぶりや不登校、どう考え対策する？

今や不登校が大きな問題となっています。

不登校という言葉自体がよくないということで、不登校特例校は「学びの多様化学校」と名称変更されています。私としては通常校の学びも多様であるべきだと考えているため、この名称変更はちょっとしっくりきていません。

学校に行かないことを子どもが主体的に選択したという考え方は大事ではあります。

しかし、**そもそも学校の居心地が悪い、怖くて行けないというのは、特に義務教育課程における小中学校の場合、おかしな話**ではないでしょうか。

フランスパリ市在住の安發明子（あわあきこ）さん（フランス子ども家庭福祉研究者）から聞いた話ですが、フランスの場合は、学校を数日休んだ時点で、子ども（または家庭）に何か困りごとが起きていると考え、児童相談所案件になるということです。もちろん、日本の児童相談所の役割とはかなり違うようですが、ただ、不登校を「学校に行かない子ども自身の問題」としてとらえるのではなく、「周囲の関わりや環境の問題」であるととらえ、公的機関が問題を改善しようとすぐに関わることはとても素晴らしいと感じました。

日本の場合は、もちろん学校や先生の対応にもよりますが、不登校になるとそのまま学びの場を失ってしまうことが往々にしてあります。フリースクールや、前述の学びの多様化学校がありますが、地域によっては数が少なく、子ども一人では通えないところも少なくありません。

そもそものような場があること自体を親が探さなくてはならない現状もあります。その点は**国や自治体がもっと積極的に情報提供したり、学びの環境整備を整えるべきでしょう。**最近ではオンラインで学べる学校も注目されています。

子どもが不登校になると親も苦しみます。自分を責めたり、何とかして学校に行かせることができないかと、あれこれ試行錯誤することもあるかもしれません。

この章は体験談を多く紹介していますが、子どもによって、また親子関係によってもいろいろな関わり方があると思いますので、ひとつの解決のヒントになればと思います。

不登校児童生徒について文部科学省では、「何らかの心理的、情緒的、身体的あるいは社会的要因・背景により登校しない、あるいはしたくともできない状況にあるために年間30日以上欠席した者のうち、病気や経済的理由による者を除いたもの」と定義しています。

一般社団法人不登校支援センターによると、小学校の不登校の代表的な要因は次の通りです。

● 低学年（小1〜2年）：環境の変化
● 中学年（小3〜4年）：対人関係や学習の遅れ

●高学年（小5～6年）：第2次性徴の発現とともに心身ともに不安定に。男女の意識、人間関係の複雑化、勉強の難易度の上昇など、ちょっとした理由で不登校が起こりやすくなる

以前は学校に行くのが当たり前なのだからと、無理に登校させようとする保護者も少なくありませんでしたが、現在では子どもの気持ちを追い詰めかねないので無理強いはしない、という考え方も広がってきました。

そうはいっても、子どもも休み始めると登校するきっかけがつかめなかったり、ますます学校に行くことが怖くなってしまうこともあります。子どもと丁寧に会話し、困りごとがあれば学校と相談してみる、心や体が疲れているようなら生活サイクルを整えてみるなどしてみましょう。

不登校支援を積極的に行う自治体も増えています。学校やスクールカウンセラーはもちろん、対応の方法や居場所、学習支援などについて自治体に相談してみてもいいでしょう。

散髪後の行きしぶり
どう対応すればいい？

体験談と対処法

散髪の翌日は学校に行きたくない

小4です。何故か散髪した翌日は学校に行きたくないと言い出すことが多くなりました。（にじいろさん）

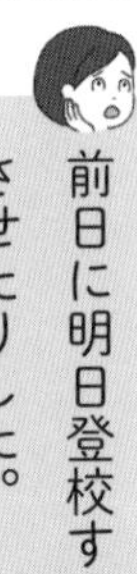

前日に明日登校する事を約束したり、当日は早めに起こして心の準備をさせたりした。

投稿者のにじいろさんのお子さんの場合は、散髪した翌日は「学校に行きたくない」と言い出す傾向があり、予測しやすいようなので、にじいろさんのように朝、早めに起こして心の準備をさせたり、散髪を土曜日にするという方法もありますね。

親としては「そんなことで?」と思うかもしれませんが、**友だちとの関係の中で生きる子どもにとって変わるということは大きな問題**です。散髪に限らず、眼鏡をかけ始めるなど、何かしらの変化があったときには注意して見ておきましょう。

特にゴールデンウィークや夏休みなどの長期休み明けは、子どもが不調を起こすことが多くあります。子どもの体験を増やすということで、あちらこちらに遊びに連れて行くなどはとても素敵なことですが、**学校が始まる前や始まった後は、なるべく用事を詰め込まず、学校生活のタイムスケジュールに合わせた生活リズムを整えていく**ことが大切です。親子ともに助走期間というイメージを持つといいでしょう。

子どもへの理解

いつもとちょっと違う自分だと、学校などの集団に行くことに抵抗を感じたり、尻込みしてしまう子もいます。

対応のヒント

- どんなときに行きたくなくなるのか、子どもに聞いてみる。
- 行きしぶる場合はどんなときなのかを、親が把握することも大事。
- 理由がある程度明確なら、対処方法を子どもと考えてみる。

＃変化
＃向き合う

「学校に行きたくない」と言われたら？

体験談と対処法

行きしぶり、不登校に

子どもが小学生になり保育園との環境の違いで行きしぶり、不登校に。子どもに寄り添って休ませたいが、仕事があり休ませられず、毎朝無理やり行かせるも、余計に酷くなり不登校が加速（学童も行けなくなった）。テレワーク可能だったのでなんとか家で面倒をみているが、親は疲弊。（きむさん）

親に合わせて無理やりを押し通さず、親が子どもに寄り添える体制を上司も巻き込んで整えるように努力した。

学校に行きたくない

学校に行きたくないと言って泣いた。（hさん）

教室までついて行った。友だちが「一緒に行こう」と声をかけてくれた。先生が「後は任せて」と帰るようにうながしてくれた。

学校を休む日が増えた

学校に行きたがらず休む日が増えてきた。（わくさん）

壁だと思わず成長の過程だと思っています。学校に行けない子の居場所があるので、そこも踏まえつつ、たくさんの選択肢からそのときのベストと思うものを一緒に選ぶようにしています。

不登校の子どもを連れて行かれた

不登校の娘が家から私と散歩に出てくるところを担任の先生が見張っていた。娘は無理やり引っ張られて学校に行かされた。担任に、「子どもがこのまま学

校に行かなくなったらどうする気ですか、無責任な親ですよ」と言われました。（あんバターさん）

とりあえず教室に連れて行くのはやめてもらい、スクールカウンセラーの部屋に連れて行ってもらいました。

5月から不登校に

入学後すぐの5月あたまに「学校に行きたくない」と言いました。私はパニックでなんとか行かせようと引っ張って行った結果、7月までは登校しましたが、夏休み明けからは放課後のみ。3年生になった今は放課後も嫌がり、行かなくなりました。（杏仁さん）

担任の先生やスクールカウンセラーと話し合い、行きやすい時間帯や教科、いつどこで過ごしたいかなど本人になるべく多くの選択肢を提示し

ました。病院や不登校対応経験のある保護者と繋がって、経験談を聞いたり話を聞いてもらったりしています。小学生の不登校は比較的少ないため、情報はネット上が見つけやすいです。

五月雨登校から不登校に

小学校2年生3学期から問題行動が続き、五月雨登校（＊次頁）へ移行。親は保健師、役所のカウンセラー、スクールカウンセラー、療育、児童精神科に相談。何故か「お母さんが家にいる事」を前提に話が行われる。結局、母親が休職し3年1学期は完全不登校、2学期は別室登校、3学期は別室だけどたまに本教室に行く。母親は働くとしたら、子どもより早い時間に出社するため、送り出しができない。（雪駄さん）

母親が家にいるだけで元気になるのは全く理由はわからないけれど、事実としてあった。これが母にしかできない仕事（期間限定）なんだと実感。

＊五月雨登校：週に何度か学校を休みながら登校すること

不登校ののちオルタナティブスクールに

小2の初め頃から学校に行きたくないと言い出し、しばらくは無理矢理連れて行っていました。時間休を夫と交代でとり、無理矢理（文字通りムリヤリ。自転車に乗せて強制運搬）、校門まで連れて行って校長先生や教務主任の先生に引き渡すこと数回。だんだん子どもの様子が不安定になり、学校との話し合いも経て、無理矢理連れて行くのはやめました。（Ｎｉａｏｃｏさん）

子どもが学校に行かない、行けないというのは、親としての力不足なのではないかと思ってしまい、落ち込むというかイライラしたり今考えるとパニックになっていました。職場の上司が「今は子どものために全力を傾けてあげて」と言ってくれたので仕事は二の次にして子どもに集中することができました。

その後オルタナティブスクール（＊p228）に入ることができ、今は毎日楽しくスクールに通い、習い事に熱中し、近所の子たちと汗びっしょりになるまで遊んだりして過ごしています。

子どもが学校に行かない、は、親にとってメンタル的にも時間的にも経済的にも「詰んだ」状態になります。対応しきれない家庭は引きこもり放置、ネグレクトや心理的虐待にもつながると感じています。早急に支援が必要です。

いろいろな体験談は、不登校に直面した親にとってとても参考になるのではないでしょうか。ちなみにわが家の末っ子も、不登校というところまではありませんでしたが、特定の男子にいじめられるようになり、それが怖くて学校に行くのを嫌がることがありました。

学校の先生に相談し、数日保健室で過ごしたこともありましたが、担任の先生の配慮で席を遠ざけてもらったり、同じグループにならないようにするなどしていただき、そのうち末っ子も元気に学校に通えるようになりました。

状況がわかりませんが、投稿者のあんバターさんの担任の先生の対応は、子どもの心を閉ざしてしまう行為にもなりかねません。先生からひどい言葉を投げかけられても、教室に行かせるのではなく、スクールカウンセラーの先生のところに行かせてもらったのは、親が適切に対応したからでしょう。そのまま**無理に教室に連れていかれていたら、子どもの心に大きな傷を残す**ことになっていたと思います。

学校を休ませるかどうか、親は大変悩むものです。不登校になった子や親は、「休むのはよくない」「休んでしまう自分はダメだ」と考えがちです。これは子どもの選択肢として、学校に行くことだけしか残されていないと思ってしまうからでしょう。

子どもと一緒に、地域の中にどんな選択肢があるのかを調べたり探したりすることも大切です。地域の中にない場合は、子どもに合った学校に越境するなどの選択をしている家庭もあります。

元気な不登校ならいいのですが、心が弱っている子どもが元気に回復していくためには、子どもの気持ちに寄り添っていくことがとても大切です。

あるお子さんは、不登校が続いたある日、「給食の時間だけなら」と学校に行くことができたそうです。その様子を見た先生が「次の時間も」と続けて授業を受けさせた結果、子どもは次の日、また学校に行くのをやめてしまったそうです。

どうしてだと思いますか？　子どもとしては給食の時間だけと約束をして頑張って行ったのに、その約束が守られず先生に裏切られたと思ったようです。もちろん、この調子ならもっと行けるかもしれないという先生の気持ちもわかりますが、大人が先走って無理強いすることは、子どもの心に大きな影を落とすこともあります。

小さな階段を一歩ずつ、「今日はこれができたね」と認め、また相談しながら次の

目標を見つけていく。親はじれったい気持ちになりますが、心の回復にはそのようなゆったりとしたペースが必要です。焦って一気に階段を駆け上ろうとすると、せっかく一段上がったのに、しばらく階段を上がる気力すらなくなってしまうこともあります。

*オルタナティブスクール：文科省が定めた学校外の教育で、不登校や療育などの子どもに対して支援する学校の総称。

子どもへの理解

「行きたくない」という言葉は、子どもの気持ちを伝えてくれたもの。その言葉を伝えるだけでも、勇気が必要です。

対応のヒント

- 「そんなこと言わない」「行くのが当たり前でしょ」と言わない。
- 理由を言葉にするのには時間がかかることもある。
- 「いつも味方だよ」というスタンスで、一緒に考えたり、必要な助けは何か聞いてみる。

#変化
#向き合う

小学生の発達相談 どうすればいい？

体験談と対処法

園で発達相談をしていました

発達相談をしていたので、小学校をどこにするか、クラスをどこにするか、など仕事をしながら情報収集、病院での診察、役所面談、学校訪問など、多くの時間を割かれた。（なつなつさん）

発達障がいの子どもの場合は、就学にあたってどんな学校がいいのか、とても悩むところでしょう。さらに、通学する学校に子どものことをよく理解してもらうことも大切です。

投稿者のなつなつさんが「多くの時間を割かれた」と書いていますが、まだまだ国や自治体のシステムが整っていない印象で、親が調整を含めてやらざるを得ない状況です。働きながらの調整や学校などとのやり取りに時間やパワーが割かれることも少なくありません。さらにその役目を多くの場合、母親だけが担っていて、父親はあまり状況を把握していないことも多いのです。パートナーとも状況を共有し、役割分担したり、場合によっては夫婦で話を聞きに行くなど、**夫婦での協力体制も欠かせません。**

発達障害児の小学校の通学には、通常級、特別支援学級、特別支援学校、私立の学校などがあります。また通常級に通いながら、週に1回程度、通級（特別支援教室）で学ぶという方法もあります。

地域の学校にどのような受け入れ方があるのか、まずは情報を集め、子どもとも相談しながら子どもに合った学校やクラスを考えていくことが大切です。また、**子どもの成長発達によっては、途中で変更することも可能**です。

グレーゾーンとは、発達障がいと診断されていないけれど、発達障がいに近いような特徴や傾向がある子どもたちのことです。コミュニケーションや感情のコントロールが苦手だったり、いろいろなことに気が散ってしまいがちな子もいます。

親は毎日見ているので、子どもに合った声がけや接し方をしていて日常生活ではさほど困っていないのに、学校生活が難しいケースがあります。

そのような場合は、学校の先生や生徒にも特性を理解してもらえると子ども自身が生きやすくなります。まずは、学校の先生に子どもの特徴や声のかけ方などを伝え、可能な範囲で対応をお願いしてみるといいでしょう。

子どもへの理解

子どもの発達や気持ちを大切にしながら、親がいろいろ調整したり奮闘してくれている様子は、子どもの安心につながります。

対応のヒント

- 発達障害や障害を持っている子どもの進学・進級にはいろいろな調整が必要。自治体や学校がなかなか動いてくれないこともあるため、親も情報収集や調整に動く必要がある。
- シングル家庭でない場合は、働き方を調整するなどして、情報収集や調整含めて、夫婦で手分けすることも大事。

コラム

発達障がい児の受け入れ先について

	メリット	デメリット
通常級	集団で学習するため、コミュニケーションを学ぶことができます。	子どもに合った進度で学習することが難しい。
通級	通常級に通いながら特別支援も受けられます。	通常級の授業に出席できない日もあります。
特別支援学級	少人数で子どもに合った進度で学習することができます。	学区内の学校に設置されていないケースがあります。
特別支援学校	専門の先生が指導にあたるため、特別支援学級よりも子どもに合った適切な授業を受けることができます。	校数が限られているため、遠方の可能性があります。東京都の特別支援学校では、地域ごとに通学バスを出しているところもあります。

※NPO法人ファザーリング・ジャパン　メインマンプロジェクト「パパのための発達障がい児ブック」より。一部編集

わたしはスクールカウンセラーです。
学校ではこんなことをしています。

児童のケア

不登校相談

保護者への
カウンセリング

発達相談

先生への
フォロー

人間関係の
トラブル

児童の
学校での
行動観察

家庭の悩み

ちょっとした悩み事でも
気軽に相談してくださいね。

おわりに

拙著を読んでいただき、ありがとうございます。

読んでいただいておわかりのように、この本はたくさんの方からの悩みや対処方法の体験談を集めさせていただきました。

募集期間はそんなに長くなかったのですが、あっという間にたくさんのお悩みが集まって、「みなさんいろいろ悩んでいるんだな」「いろいろ悩んで対応してきたんだな」と改めて実感しました。

お悩みだけの方もいますが、対処方法も多くの方が書いてくださいましたので、一部編集していますがほぼ原文を生かしてご紹介しています。

対処法の体験談はとても参考になるので、私からのアドバイスとともに対処法もぜひご一読いただければと思います。

子どもが生まれたり、入園・入学、進級など、子育てにはいろいろな変化のときが訪れます。

その都度、不安になったり、たくさん悩んだりもするでしょう。でも、一人だけで悩まないでほしいと思います。

子育て中のみんなが悩んでいます。そして、夫婦で、親子で、家族で、悩みながらでも「どうしたらいいのかな?」とぜひ考えてみてください。もちろん、そのままスルッとうまくいかないこともあるでしょうし、うまくいかないことの方が多いかもしれません。

でも、そのような過程を通して、親が情報を集めて頑張っている姿、自分のことを心配したり応援してくれている姿は、きっと子どもの心に大きな安心と信頼をもたらすことでしょう。

2023年1月、「小1の壁」について朝日新聞デジタルで、私の解説をご紹介いただいてから、テレビや雑誌などで取材をたくさん受けさせていただきました。

そのようなこともきっかけとなり、風鳴舎の青田恵編集長から「小学生の壁について、本を出さないか?」と声をかけていただきました。駅ビルのカフェでディスカッションし、その後すぐに企画を通していただきました。

その後、編集者の平川麻希さんに細やかに対応いただきながら、この本を出すことができました。青田恵編集長、平川麻希さんには、本当に感謝しています。

原稿を書きながら、わが子の小学校時代を思い出しながら、いくつかのエピソードも入れさせていただきました。すでに成人している3人のわが子たちにも、「ありがとう」を伝えたいと思います。

生活が大きく変わるときは、大変なとき。大変なときだからこそ、親子で、夫婦で、家族で乗り越えていきましょう。「一緒に乗り越えたね」という体験が、より一層、親子のつながりを強くし、居心地のいい家族関係の構築につながります。

この本が、小学生の壁を少しでも低くし、みなさまの居心地のいい親子関係の一端を担うことができたら、とてもうれしく思います。

2024年1月　高祖常子

[著者紹介]

子育てアドバイザー/キャリアコンサルタント　**高祖 常子**（こうそ ときこ）

NPO法人児童虐待防止全国ネットワーク理事、NPO法人ファザーリング・ジャパン「マザーリングプロジェクト」担当理事、NPO法人タイガーマスク基金理事ほか。

資格は保育士、幼稚園教諭2種、心理学検定1級、キャリアコンサルタントほか。Yahoo!ニュース・エキスパートコメンテーター。リクルートで編集にたずさわったのち、育児情報誌miku編集長に就任し14年間活躍。「体罰等によらない子育ての推進に関する検討会」（厚生労働省2019年度）、「幼児期までの子どもの育ち部会」委員（こども家庭庁2023年～）ほか、国や行政の委員を歴任。編集、執筆、全国で講演を行っている。テレビ出演や新聞等へのコメント多数。著書および編著は『感情的にならない子育て』（かんき出版）、『新しいパパの教科書』（学研）、『ママの仕事復帰のために　パパも会社も知っておきたい46のアイディア』（労働調査会）ほか。3児の母。

https://www.tokiko-koso.com/

[イラスト]

豊岡 絵理子（とよおか えりこ）

石川県生まれ。大学で地理学を勉強した後、さまざまな業界・職種を経験。趣味のイラストが仕事につながり、2020年より挿絵を中心にイラストレーターとして活動中。2児の母。

- 装丁　松岡里美（gocoro）
- 本文デザイン・DTP　BUCH+
- イラスト　豊岡絵理子
- 販売促進　黒岩靖基、恒川芳久、吉岡なみ子、高浜伊織
- 編集　平川麻希
- 編集協力　久次律子

どう乗り越える？ **小学生の壁**

2024年3月8日　初版 第1刷発行

著　者	高祖 常子
発行者	青田 恵
発行所	株式会社風鳴舎 〒170-0005 豊島区南大塚2-38-1 MID POINT 6F （電話03-5963-5266/FAX03-5963-5267）
印刷・製本	モリモト印刷株式会社

ISBN 978-4-907537-47-0　C0036　　Printed in Japan